Christoph Morgner (Hrsg.)

Jesus Christus spricht:
Wer zu mir kommt, den werde ich nicht abweisen.
Johannes 6,37

Das Lesebuch zur Jahreslosung 2022

BRUNNEN
Verlag GmbH · Giessen

Der Vers zur Jahreslosung wird abgedruckt mit freundlicher Genehmigung der Ökumenischen Arbeitsgemeinschaft für Bibellesen (ÖAB), Berlin.

MIX
Papier aus verantwortungsvollen Quellen
FSC® C083411

Lektorat: Uwe Bertelmann
Umschlagabbildung: Eberhard Münch
Umschlaggestaltung: bene!
Satz: DTP Brunnen
Druck: CPI books GmbH
Gedruckt in Deutschland
ISBN Buch 978-3-7655-0768-7
ISBN E-book 978-3-7655-7605-8

www.brunnen-verlag.de

Ich widme dieses Buch meinem Doktorvater,
Prof. Dr. theol. Eberhard Winkler,
Martin-Luther-Universität
Halle-Wittenberg,
und seiner Frau
Dr. med. Gisela Winkler.

Das Ehepaar Winkler hat im August 2021
seine Diamantene Hochzeit gefeiert.

Inhalt

Vorwort 9

Ralf Albrecht
Gib deinem Herzen einen Stoß! 11

Wolfgang Becker
Nie mehr hinausgeworfen. Garantiert. 14

Matthias Clausen
Auf der Klippe 17

Marianne Dölker-Gruhler
„Lasset die Kinder zu mir kommen …!“ 21

Klaus Douglass
Tönerne Füße 26

Tobias Eißler
„Kommen Sie rein, kein Problem!“ 32

Alexander Garth
Jesus und die Bösewichter 36

Klaus Göttler
Willkommenskultur 42

Clemens Hägele
„Das kann doch keiner vergeben …“ 46

Frank Heinrich
„Käpt'n“ oder: Kein Gast wird abgewiesen! 50

Eva Hobrack
Ausgedrückt in Metern und Euro? 54

Reinhard Holmer
Den Riss schließen 58

Steffen Kern
Der Soldat und das Ei 62

Ursula Koch
Ausgestoßen 67

Gerhard Krömer
Gott will alle 72

Martin Landmesser
Jeder wusste es 75

Cornelia Mack
Jesus hat mich nicht abgewiesen 79

Jürgen Mette
Ich werde keinen hinausstoßen! 83

Jörg Michel
Die Schönheit der Schöpfung gesehen 87

Christoph Morgner
„Eine große Schande" 90

Luitgardis Parasie
„Ich fühle eure Liebe nicht" 95

Ulrich Parzany
Jesus am Kreuz –
Gott mit ausgebreiteten Armen 99

Annegret Puttkammer
„Systemsprenger“ 103

Martin Reppenhagen
Porta Patet – Cor Magis 108

Ralf Richter
Tanzkurs 112

Martin Scheuermann
Hoffnungshäuser in Schwäbisch Gmünd 116

Reinhardt Schink
Von „geistlichen Naturgesetzen“ und
einem verlorenen iPhone 120

Hartmut Schmid
Jesus – oder nur seine Gaben? 125

Theo Schneider
„Hier wird niemand abgewiesen!“ 129

Manfred Siebald
Das Zögern vor der Tür 132

Frank Spatz
Nicht abgelehnt, aber übersehen 137

Gerdi Stoll
Wo bleibt die Kirche? Oder: Die Tür ist offen 141

Silke Traub
Rückblick im Lockdown 145

Iris Völlnagel
Beherbergungsverbot aufgehoben 151

Gerold Vorländer
Radikale Gastfreundschaft als geistlicher Weg 155

Ernst Günter Wenzler
Das Weiße Haus 161

Elke Werner
Orientalische Gastfreundschaft 166

Bärbel Wilde
Nähe braucht den Willen zur Begegnung 170

Birgit Winterhoff
Tratsch im Treppenhaus 174

Christoph Zehendner
Vergebung für den Beinahe-Mörder 178

Peter Zimmerling
Sehnsucht nach Heimat 183

Vorwort

In jedem Jahr die gleiche Prozedur: Im Februar treffen sich mehrere Dutzend Verantwortliche aus unterschiedlichen christlichen Kirchen, Verbänden und Einrichtungen. Sie haben die Aufgabe, die sog. Ökumenische Bibellese festzulegen, die innerhalb von vier Jahren durch das gesamte Neue Testament sowie durch die wichtigsten Teile des Alten Testaments führt. Darüber hinaus treffen sie die Entscheidung über die Monatssprüche. Und vor allem: über die jeweilige Jahreslosung. Gerade sie wird mit großer Sorgfalt ausgewählt, wird sie doch später auf vielfältige Weise an die Öffentlichkeit gebracht: in großen Plakaten bis hin zu kleinen Briefaufklebern. Und sie wird künstlerisch gestaltet, wie z. B. von Eberhard Münch als Covermotiv dieses Buchs.

Bei der Auswahl muss manches bedacht werden: Die Jahreslosung soll verständlich und einprägsam sein, aussagekräftig für Jüngere wie für Ältere. Sie soll denen etwas sagen, die bereits im christlichen Glauben zu Hause sind, aber auch denen, die sich noch skeptisch oder ablehnend verhalten. Ob reich oder arm, ob krank oder gesund – die Jahreslosung soll möglichst jeden ansprechen. In ihr soll erkennbar werden, wie Gott sich jedem Menschen in Liebe zuwendet und was er von jedem erwartet.

Die Jahreslosung sollte auch möglichst kurz ausfallen, wird sie doch häufig auf Tassen, Kerzen, Kugelschreibern und anderen Utensilien aufgedruckt. Man soll sie täglich vor Augen haben.

Nun erscheint das Buch zur jeweiligen Jahreslosung zum zwölften Mal. Es hat mittlerweile weite Kreise gezogen und ist Ungezählten zum Segen geworden. Es wird reichlich gelesen und ist auch aus zahlreichen Häusern und Gemeinden nicht mehr wegzudenken. Das Buch erweist sich als vorzügliches Lesebuch, aber auch als Fundgrube und wird deshalb gern als Vorbereitungsmaterial für Hauskreise und andere Veranstaltungen genutzt. Manche Prediger entnehmen dem Buch anregende Gedanken und Beispiele für ihre Verkündigung. Die unterschiedlichen Autorinnen und Autoren vermitteln ein breites Spektrum an Erfahrungen und Einsichten.

Ich danke allen, die sich mit ihren Artikeln in das neue Jahreslosungsbuch eingebracht haben. Mein besonderer Dank gilt Uwe Bertelmann, dem theologischen Lektor im Brunnen Verlag. Daneben danke ich meiner Frau Elfriede, die auch diesmal ebenso geduldig wie sorgfältig die Korrekturen gelesen hat.

Dr. Christoph Morgner, Garbsen
im Juni 2021

Ralf Albrecht

Gib deinem Herzen einen Stoß!

Ausgestoßen

Sie wirft ihre Schultasche ins Eck. Endlich Wochenende. Schlendert hinüber in die Küche, und vorher wirft sie noch einen kurzen Blick in den Süßigkeitenschrank. Jetzt eine kleine Belohnung für den ganzen Schulstress dieser Woche! Ah, der Vater ist auch schon daheim. Eigentlich arbeitet er, seit er geschieden ist, viel zu viel. Flüchtet sich regelrecht in die Arbeit. Ist ja auch, das muss sie zugeben, nicht immer vergnügungssteuerpflichtig, mit den Launen eines Teenies umzugehen. Sie ist nach der Trennung mit zu ihm gezogen. Für einen langen Moment hat sie damals überlegt. Und sich dann für den Vater entschieden. Oder präziser: gegen die Mutter. Und das klappt so lala. Aber heute ist er gut drauf. Das merkt sie. Und trotzdem liegt was in der Luft, ist was unausgesprochen. Sie setzt sich für einen Moment an den Küchentisch. Und merkt, wie er rumdruckst. „Du, heute Abend, da hab ich eine Bitte." Sie schaut ihn verdutzt an, denn so kommt er sonst nie ins Gespräch. Und sie merkt, wie es ihm sichtlich schwerfällt. Sie zieht die Augenbrauen hoch, und er gibt sich einen Ruck und fährt fort: „Ich hab jemand kennengelernt. Sie kommt heut Abend." Bevor sie überlegen kann, was das jetzt mir ihr macht, fällt der verhängnisvolle weitere Satz: „Du, kannst Du gucken, dass Du heute Abend nicht da bist, denn ich will nicht, dass sie vielleicht gleich einen Rückzieher macht, weil sie merkt, dass ich eine Tochter habe …" Sie spürt den Stoß gegen ihre Seele. Kein Wort fällt mehr. Nur der Eindruck frisst sich sofort in ihr fest: Hier werde ich rausgestoßen. Hier bin ich nicht gewollt. Hier steht niemand zu mir.

Umgestoßen

Sie haben damals Jesus einen „Fresser und Weinsäufer!" genannt. Sie kommen nicht damit zurecht, wie er mit Menschen umgeht. Ehebrecherinnen begnadigt er ohne Wenn und Aber. Zu Zoll- und Steuerunternehmern, die Menschen übers Ohr hauen, lässt er sich ins Haus einladen und feiert mit ihnen. Und anstatt am heiligen Tag Ruhe zu geben, heilt er Blinde und Lahme und führt sie zu einem neuen Leben. Jesus verstößt nicht nur gegen Konventionen. Er stößt vieles, wenn nicht alles, um, was sich eingegraben hat an Ansichten und Einsichten. Seine Botschaft ist eine ganz andere: „Kommt her zu mir alle …" Darauf lässt er sich festnageln. Und lebt das bis in die letzten Winkel. Alles stößt ihm zu. Als sie seinem Leben ein Ende machen wollen und seine Hände ans Kreuz binden, breitet er sie ganz weit aus. Jesus sorgt für seine Mutter. Er weist seinen Lieblingsjünger an, sich um sie zu kümmern. Und er begnadigt einen Verbrecher, der gar nichts mehr wiedergutmachen kann, und verspricht ihm das Paradies. Ganz zuletzt schreit er es hinaus: „Es ist vollbracht“ – und trägt die Schuld der ganzen Welt. Damit stößt er endgültig um, was eigentlich gilt: Unsere Verfehlungen bringen uns eigentlich von Gott himmelweit weg. Jeder Verstoß ist ein Strafstoß, der uns von Gott und voneinander entfremdet. Aber Jesus bringt den Himmel wieder zur Erde. In seinem Leben, Leiden, Sterben, Auferstehen stoßen sie zusammen – und jede und jeder kann zu Gott zurückfinden. Der Weg ist frei, und nie mehr muss über unserem Leben das Etikett „ausgestoßen“ kleben. Niemand kann uns je mehr die Würde nehmen und uns in den Dreck ziehen. Bedingungslos nimmt Jesus an. Das Zeichen dafür ist: Die Frauen kommen zum Grab und wollen den toten Jesus beweinen. Aber der Stein vor dem Grab, der Stein des Ausgestoßenseins vom Leben, ist umgestoßen. Jetzt ist alles neu. Und das Versprechen wird mit Engelszungen gegeben: „Ihr werdet IHN sehen, *er* lebt.“ Und genauso kommt es. Sie werden zu ihm kommen. Und *er* zu ihnen und wird sie annehmen und sagen: „Friede sei mit Euch!“

Anstoß der Liebe

Jesus spricht: *„Wer zu mir kommt, den werde ich nicht abweisen“*. Wortwörtlich: den werde ich „nicht ausstoßen raus“. Luther übersetzte „hinausstoßen“ – ein hartes Wort. Aber Jesus dreht es einmal komplett um. Und macht aus diesem aggressiven „Rauswurf“ die größte

Einladung, die man sich überhaupt nur vorstellen kann. Damit ist etwas völlig Neues angestoßen.

Wird sie es glauben können? Sie fühlt sich doch von ihrem Vater rausgeworfen. Ausgestoßen. Abgestoßen. Entwürdigt. Und wir alle haben das eine oder andere Erlebnis, das sich bei uns tief eingegraben hat, in dem wir so ähnlich oder anders beleidigt und verletzt wurden.

Wird sie es glauben können? Werden wir darauf vertrauen können? Es gibt *einen*, der ist anders. Gott ist anders. In Jesus stößt er *nie* weg. Und wir sind eingeladen, die liebende Gegenwart Gottes zu erleben. Gib dem Herz einen Stoß. Komm. Erleb den ewigen Moment. Du bist ganz angenommen.

Ralf Albrecht ist Prälat der Ev. Landeskirche in Württemberg in Heilbronn.

WOLFGANG BECKER

Nie mehr hinausgeworfen. Garantiert.

„Wer zu mir kommt, den werde ich nicht abweisen." – Eine Form der Abweisung empfinde ich in den letzten Jahren als besonders gemein: die Telefonwarteschlange. Theoretisch bin ich willkommen. So behauptet es zu-

mindest eine mechanische Stimme in der Leitung. Aber praktisch gibt es Anschlüsse, bei denen ich nie zum gewünschten Gesprächspartner durchdringe. Zumindest nicht in der Zeit, bis mein Geduldsfaden reißt. Da helfen auch die schönste Begleitmusik und aufmunternde Appelle nichts.

Wie gut, dass die Verbindung zum lebendigen Gott durch Jesus Christus garantiert ist. Dass er abnimmt, wenn ich anrufe. Dass ich zu ihm kommen darf, was auch immer ich im Gepäck habe.

Der Zusammenhang dieses Satzes, den Jesus gesprochen hat, macht allerdings deutlich, dass es hier um mehr geht als um eine lose Kontaktaufnahme, ja sogar um mehr als um einen dringenden Notruf. Das „Abweisen" unserer Übersetzung meint mehr ein „Hinauswerfen" dessen, der gekommen ist. Darum nennt Gerhard Maier dieses Jesuswort einen wichtigen Anker unserer Heilsgewissheit. Wer sein Leben Jesus Christus anvertraut hat, braucht keine Sorge zu haben, jemals wieder hinausgeworfen zu werden.

Das ist anders als in allen anderen Beziehungen, in denen wir stehen. Wie vielen Paaren habe ich als Pfarrer das Versprechen abgenommen, dass sie einander treu sein wollen, bis der Tod sie scheidet. Da war wohl niemand, der das in dem Moment nicht ernsthaft versprach. Trotzdem gab und gibt es in dieser wichtigsten

Wer sein Leben Jesus Christus anvertraut hat, braucht keine Sorge zu haben, jemals wieder hinausgeworfen zu werden.

menschlichen Beziehung manches Scheitern. Wie tief reichen die Verletzungen gerade bei dem, der „hinausgeworfen“ wird. Wer das erlebt und erlitten hat – bei sich oder bei anderen –, der wird vorsichtig. Soll ich mich (noch einmal) wirklich ganz investieren?

Nun verspricht Jesus: Wer zu mir kommt, den werde ich nicht wieder aus der Gemeinschaft mit mir hinauswerfen. Ja, diese Gemeinschaft ist schon ein Teil des ewigen Lebens, das dann in der himmlischen Herrlichkeit in Gottes unmittelbarer Gegenwart vollendet wird. Mehr geht nicht.

Diese Gemeinschaft stellt Jesus nicht nur her, sondern er garantiert auch ihren dauernden Bestand von seiner Seite aus. Dafür ist er ans Kreuz gegangen. Dieses Versprechen hat er mit seinem Blut unterschrieben.

In einer sehr schweren Zeit in meinem Leben habe ich das mühsam durchbuchstabiert. Auch wenn ich nichts mehr von Jesu liebevoller Nähe spüre, wenn ich das Gefühl habe, dass meine Stimme bei ihm nicht ankommt und mich die fromme Begleitmusik in der Dauerwarteschleife nur noch nervt, dann gilt sein Versprechen trotzdem. Denn es hängt nicht daran, ob ich es gerade spüre, auch wenn das eine hilfreiche Begleiterscheinung ist. Es hängt einzig daran, dass Jesus es am Kreuz sichtbar garantiert und er es mir durch das Wort der Heiligen Schrift sogar schwarz auf weiß gibt. So lehrt die Anfechtung auch an dieser Stelle „aufs Wort merken“ (Luther).

„Wenn ich auch gleich nichts fühle
von deiner Macht,
du führst mich doch zum Ziele
auch durch die Nacht:
So nimm denn meine Hände
und führe mich
bis an mein selig Ende
und ewiglich!"
(Julie Hausmann, „So nimm denn meine Hände",
Strophe 3, z.B. in EG 376)

Dr. Wolfgang Becker ist Pfarrer und Rektor der Stiftung Hensoltshöhe (Gunzenhausen).

MATTHIAS CLAUSEN

Auf der Klippe

Ein Grasflecken auf einer Felsenklippe im Nordatlantik, die See braust, die Gischt spritzt meterhoch bis an meine Nase, die Sonne strahlt durch den aufgewühlten Himmel. Die Orkney-Inseln sind ein großartiges Stück Schöpfung, als wollte Gott hier besonders zeigen, was er kann.

Da sitze ich, Theologiestudent in den ersten Semestern, bin quer durch Schottland bis an die Nordspitze getrampt und habe die Fähre hierhin genommen, campiere in einem „Independent Youth Hostel", ein geducktes Häuslein aus uralten Felssteinen, dessen einziger Gast ich bin, selbst der Herbergsvater kommt erst von anderswoher angefahren, nachdem ich ihn unter der krakelig an die Holztür gemalten Nummer angerufen habe.

Da sitze ich also unweit des Hostels auf der Klippe, unter mir der Ozean, über mir der dramatische Himmel. Allein mit mir und – Gott. Und: Ich entscheide mich für Jesus.

Ich spreche zu Jesus, vertraue ihm mein Leben an. Nicht zum ersten Mal, so oder ähnlich habe ich es schon mehrfach vorher gemacht. Nicht dass ich ein „Wiederholt-nach-vorne-Geher" wäre, der ständig neue Entscheidungsrituale suchte. Ich weiß schon, dass beim Christsein das Ergebnis der Entscheidung entscheidend ist und nicht der Weg dahin. Manche entscheiden sich plötzlich, manche prozesshaft, alles in Ordnung, solange die geistliche Richtung stimmt, hin zu Jesus.

Und trotzdem: Ein bisschen will ich wohl doch auf Nummer sicher gehen, will nochmals für mich selbst besiegeln, wofür Gott sich schon längst entschieden hat. Im Gepäck auf meiner Tour durch Schottland habe ich einen Schmöker und ein klar und geradeaus geschriebenes modernes Buch über Nachfolge. Das hat mich inspiriert. Ich bin schon lange dabei, bin in einem im besten Sinne kirchen- und glaubensfreundlichen Umfeld aufgewachsen, aber zu einem bewussten, engagierten und persönlichen Glauben habe ich erst als Jugendlicher gefunden, inspiriert durch Gespräche und Erfahrungen in meiner Jugendgruppe, inspiriert auch durch Bücher, die mir die Glaubwürdigkeit des Glaubens vor Augen geführt haben.

Dieser Prozess ist also schon lange im Gange, sonst hätte ich auch kaum mit meinem Theologiestudium angefangen. Er war aber auch nicht vorgezeichnet, menschlich gesprochen jedenfalls nicht; ohne die Zeit in meiner Jugendgruppe hätte ich wohl eine „normalere" volkskirchliche Laufbahn absolviert, in der man sich mit zunehmendem Abstand zur Konfirmation den Glauben Stück für Stück abgewöhnt, sodass er irgendwann ausdrücklich abgelegt oder jedenfalls steril wird, sozusagen geruchsneutral und weitgehend wirkungslos.

„Wer zu mir kommt, den werde ich nicht abweisen", sagt Jesus; irgendwann in den Jahren zuvor muss mir dieser Satz neu bewusst geworden sein. In so vielen evangelistischen Büchern ist er zu lesen, auf so vielen der damals gängigen „Bedienungsanleitungen" für die eigene Entscheidung für Jesus. Klar gibt es dafür eigentlich keine einfache „Anleitung", dafür ist das Leben zu unvorhersehbar. Aber der Satz von Jesus aus Johannes 6, der ist wichtig. Daran kann man sich halten, ganz wörtlich festhalten, auch wenn vieles noch unklar scheint. Denn der Satz bedeutet ja zweierlei:

Erstens: Man ist eben nicht automatisch bei Jesus, man kommt erst zu ihm. Zu Jesus kommen ist ein Vorgang, auf den man irgendwann zurückblicken

Man ist eben nicht automatisch bei Jesus, man kommt erst zu ihm.

kann. Selbst wenn man nicht einen Finger auf einen bestimmten Zeitpunkt legen kann („am 17. März um 18.03 Uhr …"), wird man irgendwann doch an sich sebst „bemerken": Es gab eine Zeit, da war ich – eigentlich – noch nicht bei ihm angekommen. Und jetzt bin ich es.

Zweitens, wer immer zu ihm kommt, wird nicht hinausgestoßen. Jesus fragt nicht nach den geistlichen Voraussetzungen, nach der religiösen Gefühlstemperatur auf dem Weg zur Entscheidung, er fragt auch nicht, wie gradlinig oder zögerlich der Weg zu ihm war. Wer immer zu ihm kommt, ist willkommen. Denn lange bevor wir uns für ihn entschieden haben, hat Gott sich für uns entschieden. „Meine Entscheidung war aus Gummi, Gottes Gnade ist aus Metall", hat der Pfarrer und Volksmissionar Klaus Teschner das einmal genannt.

Damals auf der Klippe wusste ich das meiste davon schon. Und doch war es wichtig, mir wichtig und für mich hilfreich, es noch dieses eine Mal klar und deutlich auszusprechen. Selbst wenn es außer mir nur das Meer und der Sturm gehört haben. Und Gott.

Dr. Matthias Clausen ist Professor für Systematische Theologie und Praktische Theologie an der Evangelischen Hochschule Tabor.

MARIANNE DÖLKER-GRUHLER

„Lasset die Kinder zu mir kommen ...!“

Eigentlich war ich ein braves Kind. Fand ich zumindest. Bis ich in die Pubertät kam, damals meist noch „Flegeljahre“ genannt. Und die waren bei mir wohl ziemlich ausgeprägt. Nun war sicher so manches dem ganz natürlichen Abnabelungsprozess von den Eltern geschuldet, aber ich weiß noch sehr gut, wie ich mich immer wieder selber empfand: rotzfrech und oft genug richtig fies und gemein, auch meinen Geschwistern gegenüber.

Genau in dieser Zeit passierte in der Nähe unsres Dorfes ein schrecklicher Unfall, bei dem mehrere Jugendliche ums Leben kamen. Für mich war das der Schock meines Lebens, denn zum ersten Mal realisierte ich: Auch junge Menschen können sterben! Dann war da plötzlich die übermächtige Frage: Was würde mit mir passieren, wenn ich jetzt sterben würde? Mir war ganz klar: So wie ich bin, würde Gott mir sicherlich nicht auf die Schulter klopfen und sagen: „Alles prima gemacht. Komm rein!“

Was konnte ich tun? Leider hatte mir noch niemand erklärt, wie man mit Gott ins Reine kommt, und ich fand es zu peinlich, jemanden danach zu fragen. So lebte ich eine Zeit lang in ziemlicher Angst und Unsicherheit.

In dieser Zeit fragte mich eine Mitarbeiterin unserer Kirchengemeinde, ob ich mit ihr zusammen einen

Kindertreff starten würde. Klar, das würde ich – vielleicht konnte ich damit sogar ein paar Punkte im Himmel sammeln?! Meine Konfirmation fiel in diese Zeit. Der Konfi-Unterricht brachte bezüglich meiner Fragen keine neuen Erkenntnisse. Dagegen mein Konfirmationsspruch (nicht selbst ausgesucht): „Christus spricht: Siehe, ich stehe vor der Tür und klopfe an. Wenn jemand meine Stimme hört und die Tür auftut, zu dem werde ich hineingehen …" (Offenbarung 3,20). Ich ahnte, dass da ein Stück Antwort drinsteckte. Aber: Wie konnte ich Jesus die Tür meines Lebenshauses öffnen?

Wenige Wochen später gab es einen Kindernachmittag für unsere und ein paar andere Kindergruppen. Der Referent erzählte anschaulich und lebendig von Nikodemus (Johannes 3), den offensichtlich ähnliche Fragen plagten wie mich. Am Ende lud er ein, bei einem Nachgespräch Jesus in sein Leben einzuladen, um wirklich zu Gott zu gehören. In mir tobte ein Kampf: Sollte ich hingehen? Was aber, wenn womöglich auch Kinder aus unserer Gruppe dort wären? Ich war ja immerhin Mitarbeiterin …!

Meine Sehnsucht nach Klarheit und Frieden siegte. Als ich in dem Raum ankam, traf ich dort zu meiner großen Überraschung keins unsrer Kinder an – dafür aber drei weitere Mitarbeiterinnen anderer Jungscharen in einem ähnlichen Alter wie ich!

Jede von uns lud mit einem Gebet Jesus in ihr Leben ein – und ich hüpfte anschließend befreit und fröhlich nach Hause. Das war tatsächlich der Beginn einer spannenden Reise mit Jesus, die bis heute andauert, immer mal wieder umkämpft und erneuert – aber erlösend.

Ich war so froh und dankbar, dass da endlich jemand meine (nicht geäußerten Fragen) beantwortete und mir schlicht und einfach erklärte, wie man zu Jesus „kommen“ kann, der keinen, der kommt, hinausstößt.

Später, vor allem dann als Kinder- und Jungscharreferentin, durfte ich selber Kindern und Jugendlichen den Weg zu Jesus zeigen und immer wieder einmal miterleben, was sich dadurch veränderte. Ich denke an Daniel, der auf einer Jungscharfreizeit Jesus sein Leben anvertraute. Als er nach einem schlichten Gebet wieder die Augen öffnete und sich umschaute, meinte er: „Irgendwie scheint die Sonne a bissle heller!“ ☺

Oder an Simon (Name geändert), der mit zwei Brüdern auf einer Jungscharfreizeit dabei war. Alle drei waren ziemliche Chaoten und forderten uns als Mitarbeitende ganz schön heraus. Eines Abends, die anderen Kinder waren bereits auf ihren Zimmern verschwunden, schlich Simon immer noch um mich herum. Schließlich fragte er (für mich total unvermittelt): „Hab ich das richtig verstanden, dass man nur zu Gott gehört, wenn man an Jesus glaubt?“ Ich konnte und kann mich nicht erinnern, dass wir das auf dieser Freizeit so oder ähnlich formuliert hatten, setzte mich aber mit ihm in eine Ecke und versuchte ihm anhand eines vierfarbigen Handschuhs zu erklären, warum Jesus auf diese Erde kam: vor allem für Menschen, die spüren, dass sie so, wie sie sind, nicht zu Gott passen. Deshalb wurde Jesus die Brücke und der Weg zu Gott, dem Vater. Ich endete in etwa mit den Worten: „Ob jemand über diese Brücke gehen, also Jesus in seinem Leben haben möchte, das muss jeder selbst entscheiden.“ Darauf stand er auf, sagte: „Okay, vielen Dank, das hab ich jetzt verstanden. Gute Nacht!“ – Und damit verschwand er. Ich blieb einigermaßen perplex zurück.

Am nächsten Tag, nach irgendeinem Programmpunkt, blieben wieder er und ich allein übrig. Ich war leider ein wenig schwer von Begriff. Als ich ihn fragend ansah, meinte er: „Also, ich will das auch!“ „Ääh – was denn?“ „Na, das mit Jesus!“ – So setzten wir uns wieder in eine Ecke und Simon lud mit eigenen Worten Jesus in sein Leben ein. Welche Freude!

Leider konnte ich den drei Brüdern (ihr ständiger Clinch erklärte sich ein Stück weit aus einer schwierigen Situation als Patchworkfamilie) vor Ort keine Jungschargruppe vermitteln, bemühte mich aber, wenigstens mit Simon brieflich in Kontakt zu bleiben. Aber nach ein paar Monaten riss auch der ab.

Etwa zwei Jahre später war ich bei einem Frauen-Wochenende eingeladen und sollte unter anderem ein wenig aus meiner Arbeit berichten. Das tat ich auch – und bat die Frauen am Ende, doch für Simon und andere Kinder zu beten.

Etwa eine Woche später konnte ich es nicht fassen: Nach 1½ Jahren Pause lag ein Brief von Simon in meinem Briefkasten! Darin schrieb er: „Falls du nicht mehr weißt, wer ich bin, ich bin … Als ich damals Jesus in mein Leben eingeladen habe, war ich 11 Jahre alt. Vielleicht war ich da noch ein wenig jung, aber jetzt bin ich 2 Jahre älter. Und vor ein paar Tagen (!!) ist mir wieder eingefallen, dass ich ja noch die Bibel habe und jetzt will ich wieder neu beginnen. Dann hätte ich hier noch ein paar Fragen zum Leben als Christ: …"

Wow – stellte der gute Fragen! Ich freute mich total und ab da waren wir wieder in einem regen Briefkontakt. Später wurde er selber Jungschar- und auch Freizeitmitarbeiter und ich konnte bloß staunen und Gott Danke sagen!

So manche würden gerne zu Jesus kommen – wenn sie nur wüssten, wie. Sagen wir es ihnen doch!

Ich habe den Eindruck: So manche würden gerne zu Jesus kommen – wenn sie nur wüssten, wie. Sagen wir es ihnen doch!

Marianne Dölker-Gruhler ist Gemeinschaftsreferentin im Evang. Gemeinschaftsverband Württemberg, die Apis.

Klaus Douglass

Tönerne Füße

Ein Stern war vom Himmel gestürzt. Der junge Pastor einer Gemeinde hatte versagt. Irgendwie war es ruchbar geworden. Irgendjemand hatte geplaudert. Und die Presse hatte es natürlich gnadenlos ans Tageslicht gezerrt: „Ein Pastor, der sündigt" – welch eine schöne Schlagzeile. Mag mancher den Glauben auch längst abgehakt haben, so etwas liest er dann doch mit großem Interesse. Ein Skandal! Nicht nur einmal, nein, gleich dreimal hatte der Pastor Dinge getan, die man als Pastor einfach nicht tut. Die Gegner des Mannes rieben sich die Hände, und seine Freunde gingen vorsichtig auf Distanz. Und im ganzen Ort fragte man sich, ob mit dem Fall des jungen Gemeindeleiters nicht die Integrität des gesamten Christentums infrage gestellt wäre. Morgen würde der Gemeinderat über seine Zukunft bestimmen. Und dem unglücklichen Mann war nur allzu klar, wie die Entscheidung ausfallen würde.

Der Pastor liebte seinen Beruf und seine Arbeit war für ihn mehr als nur ein Broterwerb. Sie war im wahrsten Sinne des Wortes eine Berufung. Er meinte wirklich ernst, was er sagte. Aber er war schwach geworden, ganz einfach schwach. Und nun war es mit Händen zu greifen: „Der ist nicht zu halten, dieser Mann. Das wäre schlecht für das Renommee der jungen Gemeinde. Er ist eben noch nicht reif genug, um die Gemeinde zu führen.“ Niemand wusste das besser als der Pastor selbst. Er setzte sich irgendwo an den Wegesrand und weinte. Doch wen kümmerten seine Tränen? Also fing er an zu beten: „Dreimal habe ich versagt, und ich kann keine Garantie abgeben, dass ich es nicht wieder tun werde. Ich bin einfach nicht für diesen Job gestrickt. Herr, du weißt, dass ich dich liebe. Aber ich kann deinen Auftrag nicht ausführen. Nicht ohne deine Sache in Misskredit zu bringen. Herr, auf so tönerne Füße kannst du dein Reich nicht bauen. Die anderen sind einfach besser. Ich habe es probiert, aber ich schaffe es nicht. Vergib mir meine Vermessenheit und such dir jemand anderen.“

Er schloss die Augen und ging seinen Gedanken nach. Plötzlich hörte er Jesus zu sich sprechen:

> *„Simon, Sohn des Johannes, liebst du mich mehr, als mich diese lieb haben? Er spricht zu ihm: Ja, Herr, du weißt, dass ich dich lieb habe. Spricht Jesus zu ihm: Weide meine Lämmer! Spricht er zum zweiten Mal zu ihm: Simon, Sohn des Johannes, hast du mich lieb? Er spricht zu ihm: Ja, Herr, du weißt, dass ich dich lieb habe. Spricht Jesus zu ihm: Weide meine Schafe! Spricht er zum dritten Mal zu ihm: Simon, Sohn des Johannes, hast du mich lieb? Petrus wurde traurig, weil er zum dritten Mal zu ihm sagte: Hast du mich lieb?, und sprach zu ihm: Herr, du weißt alle Dinge, du weißt, dass ich dich lieb habe. Spricht Jesus zu ihm: Weide meine Schafe!“*
> *(Johannes 21,16–17)*

Wie hätten Sie entschieden, wenn Sie der Gemeinderat dieser Gemeinde gewesen wären und Petrus wäre Ihr Pastor gewesen? Petrus hat dreimal Jesus verleugnet – für einen Gemeindeleiter wahrscheinlich die unverzeihlichste aller Sünden. Eine seltsame Vorstellung: Hätte damals nicht Jesus, sondern ein Gemeinderat über das Schicksal dieses Gestrauchelten entschieden, wäre möglicherweise ein Mann wie Petrus für immer kaltgestellt und aus dem Verkehr gezogen worden. Ich weiß nicht, wie Sie entschieden hätten. Aber ich weiß, wie in der Kirche in solchen Fällen oft gehandelt wurde. Es ist wie bei einem Politiker, den man mit den Fingern in der Kasse erwischt: Der muss weg! Der ist nicht mehr haltbar! – Eine verständliche Reaktion. Aber ich behaupte, dass das gerade *keine* christliche, das heißt an Christus orientierte Vorgehensweise ist.

Zu mir kam vor Jahren eine der tragenden Säulen unserer Gemeinde und sagte: „Wenn Sie wüssten, was ich für einer bin! Ich möchte, dass Sie, wenn Sie mir in dieser Gemeinde einen Dienst anvertrauen, wissen, auf welch tönerne Füße Sie die ganze Sache stellen." – Ja, ist es denn je anders gewesen? Gibt es auch nur einen einzigen Fuß in der Gemeinde, der nicht tönern ist? Passen Sie darum auf, bevor Sie eine Person in der Gemeinde allzu sehr hochjubeln. Sie provozieren damit nur einen umso höheren Sturz. Denn die Gemeinde Jesu ist *nur* auf tönerne Füße gebaut.

Die Frage, die Jesus dem Petrus stellt, ist nicht: „Warum hast du das getan?" Sie lautet auch nicht: „Wirst du es nie wieder tun?“ Und schon gar nicht: „Wie konntest du nur?“ Da kommen kein Vorwurf, kein Misstrauen und keine Verurteilung. Die Frage, die Jesus dem Petrus stellt, lautet einfach: „Hast du mich lieb?“ – Hast du mich lieb? Wenn das der einzige Maßstab wäre, den wir in der Kirche an die Menschen anlegen würden, wie viel anders würde es in unseren Gemeinden aussehen! Wenn wir die Menschen nicht nach ihren Fähigkeiten und Begrenztheiten und Stärken und Schwächen und ihrer Selbstdarstellung und nach ihrem Versagen beurteilen würden, sondern einzig und allein danach, ob sie – und sei es in noch so großer Schwachheit – Jesus lieb haben.

Im Gespräch mit Petrus ist dies das Einzige, was Jesus interessiert: „Hast du mich lieb?“ Und als Petrus das stockend bejaht, geschieht das geradezu Unglaubliche: Jesus beauftragt ihn neu: „Weide meine Schafe.“

Wer wirklich von der Person Jesu geprägt ist, müsste aufhören, sich an den Sünden und Fehlern anderer zu ereifern, zu ergötzen oder auch zu stoßen. „Und so einer will Christ sein!“ – Ich kann diesen Satz nicht mehr hören! Wenn er kein Sünder wäre, wäre er auch kein Christ. Und wenn er in allem perfekt wäre, bräuchte er keinen Heiland. Man stelle sich das vor: ein Gemeindeleiter, der keinen Heiland (mehr) braucht! Ich frage mich, ob wir davon nicht viel zu viele haben …

Heißt das einfach: „Schwamm drüber – alles nicht so schlimm!“? Nein, das heißt es nicht. Das Gespräch, das Jesus mit ihm führt, ist Petrus alles andere als angenehm. Und über sein Versagen hatte er schon vorher bittere Tränen geweint. Im gleichen Evangelium sagt Jesus: *„Wer zu mir kommt, den werde ich nicht abweisen"* (Johannes 6,37b). Das ist vielleicht der entscheidende Punkt. Sünderinnen und Sünder sind wir alle. Die Frage ist: Fliehe ich mit meiner Sünde von Jesus, renne ich vor ihm weg – oder gehe ich damit zu ihm, zitternd und zagend wie Petrus, halte sie ihm hin und sage: „Herr, das war nun wirklich unverzeihlich schlimm. Aber dennoch ist es wahr, dass ich dich liebe."

Die Gemeinde von Jesus ist auf tönernen Füßen gebaut. Auf Menschen, die Jesus lieb haben und trotzdem voller Fehler, Schwachheit und Sünden sind. In der Theorie ist uns das klar. Warum wundern wir uns dann, wenn sich das im eigenen oder auch im Leben der anderen mal wieder offenbart? Schließlich halten wir – zumindest in der Landeskirche – zu Beginn jedes Gottesdienstes Gott unsere Schwachheit und unsere Sünden hin mit der Bitte: „Herr, erbarme dich." Das geschieht nicht, um uns künstlich kleinzumachen, sondern ist als Entlastung gedacht. Dass wir mit all dem, was uns belastet an Not und Schuld und Versagen, in den Gottesdienst kommen können, und Gott sagt uns: „Davon gehe ich aus, dass du Sünderin und Sünder bist. Du darfst trotzdem kommen, du sollst trotzdem mitfeiern. Ich stoße dich nicht zurück. Und schau um dich: Den anderen geht es auch nicht anders als dir – sonst würden sie an dieser Stelle ja nicht mitsingen und mitbeten, sondern schweigen." Wenn wir Sonntag für Sonntag gemeinsam das sogenannte „Sündenbekenntnis" am Anfang sprechen und „Herr, erbarme dich“ singen, sollten wir uns anschließend nicht darüber aufregen, dass wir es in der Gemeinde tatsächlich mit lauter Sünderinnen und Sündern zu tun haben. Entweder wir fühlen uns zu dieser Gesellschaft dazugehörig oder wir bleiben draußen. Aber kommen und mitsingen und sich dann über die vielen Sünden und Fehler der anderen aufregen, ist absurd.

Wie viel mehr würden wir für Christus in dieser Welt ausrichten, wenn wir wüssten, dass unsere Fehler nicht nur bei Gott, sondern auch bei unseren Mitchristen auf Barmherzigkeit treffen! Jesus braucht keine perfekten Menschen, sondern Menschen, die verfügbar sind. Die ihre Schwächen und Abgründe nehmen und Jesus hinhalten und sagen: „Herr, erbarme dich – du weißt, dass ich dich liebe.“ Das sind tönerne Füße, zweifellos. Aber Jesus hat seine Gemeinde nie auf etwas anderes gebaut, weder hier noch anderswo.

Die Gemeinde von Jesus ist auf Menschen gebaut, die Jesus lieb haben und trotzdem voller Fehler, Schwachheit und Sünden sind. In der Theorie ist uns das klar. Warum wundern wir uns dann, wenn sich das im eigenen oder auch im Leben der anderen mal wieder offenbart?

Dr. Klaus Douglass ist Pfarrer und Direktor der evangelischen Zukunftswerkstatt midi in Berlin (www.mi-di.de).

Tobias Eissler

„Kommen Sie rein, kein Problem!“

Wir waren jung. Wir machten uns keine Sorgen. Einfach zu zweit losradeln, nach Lyon und dann das Rhonetal hinunter. Wir hatten eine „Hundehütte“ auf dem Gepäckträger, ein einfaches Zweimannzelt. Abends schlugen wir es irgendwo auf der grünen Wiese auf. Keine Übernachtungskosten – ein entscheidendes Argument für solche Brüder von der Landstraße wie uns, die obendrein aus „dem Ländle“ stammten. Eines Abends fehlte uns die passende grüne Wiese. Uns fiel ein, dass wir eine Dusche gebrauchen könnten. Wir klingelten am erstbesten Haus. Ohne Französischkenntnisse, auf Deutsch fragten wir, ob wir den Garten zum Zelten nutzen dürften. Die Dame des Hauses war überraschend offen und freundlich. „Kommen Sie rein, kein Problem“ – sie hatte ein paar deutsche Worte zur Verfügung. „Sie können dieses Rasenstück nutzen. Und hier ist ein Waschbecken.“ Zum Duschen wurden wir nicht eingeladen, wenn ich mich recht entsinne. Doch wir verbrachten eine ruhige Nacht in einem gepflegten Garten. Sehr angenehm. Alles andere als selbstverständlich, wenn ich mir das im Nachhinein überlege! Hätte die Dame nicht viele Gründe gehabt, zwei verschwitzte junge Radfahrer, die unangemeldet hereinplatzen und nicht einmal die schönste Sprache der Welt beherrschen, abzuweisen? Wer weiß, welches Gesindel man sich da in den Garten holt?

Die Frage, ob wir Annahme erfahren oder abgewiesen werden, begleitet uns durchs Leben. Die junge Frau mit dem Abi in der Tasche hat einige Bewerbungen für ein duales Studium losgeschickt. „Wird mich eine Firma nehmen?", fragt sie sich. Ein junger Mann interessiert sich für ein Mädchen, das ihm immer besser gefällt. Heikle Angelegenheit: Wenn er sie nach einer festen Freundschaft fragt, wird sie offen dafür sein? Oder wird er eine bittere Enttäuschung erleben? In Corona-Zeiten ist die Einladung von Bekannten zum Mittagessen zum Problem geworden. Man überlegt sich schon vorher, ob der mögliche Gast zu den vorsichtigen Typen gehört, die sich nicht mehr an einen fremden Tisch setzen. Wird das gut ankommen und wird das angenommen, wenn wir eine Einladung aussprechen?

Jesus sagt zu Gesprächspartnern, die sich überlegen, ob sie seiner Einladung folgen sollen: *„Wer zu mir kommt, den werde ich nicht abweisen"* (Johannes 6,37). Ein sehr freundliches Signal. Jesus ist offen für Leute, die sich auf ihn zubewegen. Die Interessenten müssen nicht fürchten, von ihm abgewiesen zu werden. Die Frage ist nur, was sie von ihm erwarten.

Jesus hat es damals mit „Followern" zu tun, also: mit Leuten, die ihm spontan hinterherlaufen. Sie haben miterlebt, wie er mit fünf Broten und zwei Fischen fünftausend knurrende Mägen gestillt hat. Jetzt lauern sie auf die nächste Sensation. Aber er macht keine Anstalten, die nächste Nummer einer zauberhaften Show vorzuführen. Er sagt vielmehr: „Ich bin das Brot des Lebens. Wer zu mir kommt, wird nie mehr hungrig sein, und wer an mich glaubt, wird nie mehr Durst haben" (Johannes 6,35; NGÜ). Was soll das bedeuten? Der Mensch braucht mehr als Brot und Spiele, mehr als genug Asche in der Tasche und Kurzurlaub auf den Kanaren? Tatsächlich braucht er mehr als Kalorien, die seinen Körper am Laufen halten, meint Jesus. Der Mensch braucht das Lebensmittel, das ihm den Anschluss ans wahre Leben vermittelt. Und dieses Lebensmittel ist Jesus selbst.

Der Mensch braucht das Lebensmittel, das ihm den Anschluss ans wahre Leben vermittelt. Und dieses Lebensmittel ist Jesus selbst.

Welche Lebenskraft in ihm steckt, will er gerade dann beweisen, wenn es ans Sterben geht: *„Jeder, der den Sohn sieht und an ihn glaubt, hat das ewige Leben; und an jenem letzten Tag werde ich ihn auferwecken"* (Johannes 6,40; NGÜ). Das ist eine Ansage, die es ihn sich hat. Erschütternd schön klingt sie in eine Welt hinein, deren Bewohner keineswegs nur an Corona sterben. Sondern auch an Einsamkeit, an Überarbeitung oder an den Ersatzstoffen fürs echte Leben: Drogen, Medikamentenmissbrauch, Aids-Virus – als Folge leichtsinniger Körperkontakte. Jesus will uns nicht nur ein Leben nach dem Tod schenken, sondern auch Lebensqualität vor dem Tod, sodass wir nicht nur Geld verdienen, sondern mit unseren Fähigkeiten die bestmögliche Arbeit abliefern; nicht nur zu Hause abhängen, sondern Familienleben gestalten; nicht nur den Magen füllen, sondern speisen und dem großen Gastgeber danken. Klingt das nicht reizvoll?

„Wer zu mir kommt, den werde ich nicht abweisen." Jesus lädt dazu ein, sich vertrauensvoll an ihn zu wenden. Wie zwei Radfahrer, die unbekümmert an einer wildfremden Hausstür klingeln. Die innere Hürde, die man empfindet, kühn überschreiten! Die Vorbehalte einfach mal beiseitelassen! Trotz manchem Zweifel wieder anfangen mit einem Gebet zu Jesus, dem Zugang zur Quelle des Lebens! „Jesus, zu dir kann ich so kommen, wie ich bin. Du hast gesagt, dass jeder kommen darf. Ich muss dir nicht erst beweisen, dass ich besser werden kann. Was mich besser macht vor dir, das hast du längst am Kreuz getan. Und weil du mein Zögern siehst, streckst du mir deine Hände hin, und ich kann so zu dir kommen, wie ich bin" (Manfred Siebald).

Jesus hätte triftige Gründe, uns zurückzuweisen. Von den Maßstäben Gottes fürs menschenwürdige Leben her gesehen sind wir nichts als Gesindel von der Landstraße. Das wird uns bewusst, wenn wir davon lesen, wie edel Gottes Geist ist und welche edle Haltung er schafft: „Liebe, Freude, Frieden, Geduld, Freundlichkeit, Güte, Treue, Sanftmut und Selbstbeherrschung" (Gal 5,22). Wie weit ist mein Alltag davon oft entfernt! Aber in diesen verunreinigten Alltagsklamotten darf ich beim heiligen Herrn eintreten. Sein Erbarmen umhüllt mich, erfrischt mich und reinigt mich. Was ich als Gepäck und Last aus dem Alltag mitbringe – Schuld, Angst, innere Zerrissenheit –, darf ich bei ihm ablegen. In seiner Nähe darf ich aufatmen und ausruhen.

Was hindert uns daran, heute zu Jesus zu kommen? Und seine Freundlichkeit zu erleben: „Komm rein, kein Problem“?

Dr. Tobias Eißler ist Pfarrer der evangelischen Landeskirche in Württemberg in Ostfildern-Ruit

ALEXANDER GARTH

Jesus und die Bösewichter

Wenn richtige Bösewichter sich bekehren, ihre Sünden bereuen und ein neues geläutertes Leben beginnen, dann sind wir einerseits fasziniert. Sie werden in den Kirchen herumgereicht. Man überlässt ihnen das Mikrofon und das Publikum, das gebannt der Erzählung schlimmer Taten lauscht. Man genießt den Schauder „Wie kann einer nur so böse sein“. Besonders bei jungen Leuten kommt das gut, wenn einer von seinem wilden, exzessiven, gewalttätigen Leben vor seiner Bekehrung berichtet.

Andererseits sagen die Leute: „Das hat gerade noch gefehlt. Dass so ein niederträchtiger Lump auch noch fromm wird, nee, das kann ich mir nicht vorstellen. Wenn der liebe Gott einigermaßen gerecht ist, dann kann er doch nicht vergeben, was der gemacht hat.“

Die größten Heiligen in der Geschichte der Kirche sind oft ganz unheilig gestartet. Augustin, der große Kirchenlehrer, war ein Lebemann und Frauenheld. Ignatius von Loyola war bis zu seiner Bekehrung ein Draufgänger, Spieler, Raufbold und Frauenflachleger. Als ihn eine Kanonenkugel schwer verletzte, kam er zur Besinnung. In einem Kloster, wo er zur Genesung weilte, legte er eine Lebensbeichte ab. Drei Tage brauchte er dafür. Offensichtlich hatte der Schwerenöter ein langes Sündenregister. Nach seiner Bekehrung wurde er zum Gründer des legendären Jesuitenordens und zum Mann Gottes mit einer Leidenschaft für Mission. Man findet unter den Männern und Frauen Gottes viele fragwürdige Gestalten, die in allerlei üble Geschichten verwickelt waren. Aber Jesus Christus hat ihr Leben total umgekrempelt.

Aber man muss gar nicht groß in der Vergangenheit herumsuchen. Auch heute gibt es diese Menschen mit einem gewaltigen Knick in der Biografie. Da ist Josef Müller aus München, der heute als ehemaliger „ziemlich bester Schurke" durch die Gegend reist und seine Geschichte erzählt von seiner wundersamen Wandlung vom Gangster und Millionenbetrüger zum Prediger. Oder Thomas Middelhoff mutierte vom gierigen Superstar-Manager zum demütigen Gläubigen mit der Botschaft, dass Geld und Macht nicht glücklich machen, sondern der Einsatz seiner Gaben für andere. Selbst ein Mörder wie Torsten Hartung erfährt nach einer 22-jährigen Haftstrafe und einem tiefen Zerbruch den Neuanfang mit Gott. Aus dem Großkriminellen wird ein frommer Sozialarbeiter, der sich um jugendliche Straftäter kümmert.

Die für mich bewegendste Geschichte war die Begegnung mit Oliver Schalk. Was mir als Erstes an Olli auffiel: eine sehr besondere Mischung aus Halbwelt-Image und gewinnender Herzlichkeit. Sein Outfit: schwarze Klamotten, Halskette, rasierte Fast-Glatze, angedeuteter Szene-Bart. Seine Worte und Gesten: liebenswürdig, friedfertig, einnehmend. Ich lernte einen warmherzigen, witzigen, sprachgewandten Mann kennen, den man gern zum Freund hätte. Olli ist ein Mann mit einer unglaublichen Geschichte. Wenn vor zwanzig Jahren jemand gesagt hätte: „Der Oliver Schalk, das wird mal ein christlicher Sozialarbeiter, der Drogensüchtige aus der Sucht rausholt, sich um sozial schwierige Familien kümmert und verwahrlosten Kindern Jesus-Geschichten erzählt", der wäre für verrückt gehalten worden. Kann wirklich aus einem gewalttätigen, alkohol- und drogensüchtigen Hooligan und Neonazi ein Mensch werden, der das Gegenteil von dem lebt, was er früher verkörperte? Kann aus einem Menschen, der mit dem Springerstiefel auf Menschen eintritt, die blutend am Boden liegen, ein Kindergärtner und Streetworker werden, der anderen die Liebe Gottes predigt?

Olli ist im Berlin der DDR aufgewachsen. Die Ehe der Eltern wurde wegen der Alkoholerkrankung des Vaters früh geschieden. Die Mutter, eine Lehrerin, versuchte vergeblich, ihren wilden, alle Autoritäten verachtenden Sohn zu bändigen. Mit 15 schloss sich Olli der jungen Punkbewegung in Ostberlin an. Mit 17 kommt Olli als politischer Häftling in den DDR-Jugendknast. Gleich in der ersten Nacht wird er von zehn Mitgefangenen zusammengeschlagen. Olli lernt, dass er nur mit Gewalt und Brutalität weiterkommt. Er beginnt von ganzem Herzen zu hassen: das Regime, andere Menschen, sich selbst. Nach dem Knast schließt er sich der Hooligan-Szene an, prügelt sich mit anderen Fußballfans und der Polizei. Er will in den Westen. Nach mehreren Fluchtversuchen und Gefängnisaufenthalten wird er nach Westberlin abgeschoben. Kurz darauf fällt die Mauer. Olli wird ein Neonazi. Sein Hass hat eine neue Zielscheibe: Türken, Schwarze, Juden. Mit anderen Gleichgesinnten eröffnet er eine Hooligan-Kneipe in Berlin. Er rutscht immer tiefer ab: Alkohol, Drogen, Gewalt. Auf einem Rockertreffen lernt er die christlichen Rocker von „Tribe of Judah" kennen. Die erzählen ihm bei Pflaumenkuchen und Apfelsaft, wie sie durch Jesus den Weg aus Sinnlosigkeit und Gewalt fanden, beten mit ihm und schenken ihm eine Bikerbibel. Diese Begegnung geht Olli nach. Doch dieses „Glaubenszeug" ist ihm unheimlich. Zu sehr ist sein Leben von Hass geprägt.

Als er auf einer sechswöchigen Kur zum Nachdenken über sein Leben kommt, erkennt er, dass er sich in einer Sackgasse befindet. Verzweifelt muss er sich eingestehen, dass er sein Leben vergeigt hat. Er greift zur Bikerbibel, die er aus irgendeinem Grund mitgenommen hatte. Er beginnt darin zu lesen. Vielleicht gibt es doch einen Gott? Die Geschichten von Jesus berühren ihn. Er beginnt inbrünstig zu beten: „Jesus, zeig dich mir!"

Bei seinen Spaziergängen lernt Olli Christen kennen. Neben der Kurklinik befindet sich eine Bibelschule. Sie geben ihm eine Schrift, wie man sich bekehren kann, und nehmen ihn mit zu ihrem Gottesdienst. Und dann ist dieser besondere Tag. Olli sitzt auf einer Bank im Klinikpark und betet ein Hingabegebet an Jesus. Er betet es nicht einmal, sondern viele Male. Vor seinen inneren Augen läuft ein Film über sein Leben ab, Szenen voller Gemeinheit und Brutalität. Und er spürt das Reden Gottes in seinem Herzen, dass Jesus seine Schuld vergibt und ihm ein neues Leben schenkt. Olli heult Rotz und Wasser über sein verpfuschtes Leben und über die Barmherzigkeit Gottes, der ihm einen neuen Anfang schenkt. Von einem Tag zum anderen überwindet Olli seine Drogen-, Alkohol- und Nikotinsucht. Einige Bibelschüler nehmen sich seiner an und gehen mit ihm die ersten Schritte in ein neues, total verändertes Leben.

Heute arbeitet Olli in einem christlichen Sozialprojekt in einem ostdeutschen Plattenbaugebiet und kümmert sich um Kinder, Jugendliche und Familien, die mit dem Leben nicht klarkommen. Ich frage Olli nach seinem Leben als christlicher Streetworker und Laienpastor. Er antwortet: „Ich habe eine riesige Freude an dieser Arbeit. Selbst aus einer Randgruppe der Gesellschaft kommend, habe

Das wahre Wunder ist Jesus Christus. Er vergibt den schlimmsten Sündern und eröffnet für sie die Perspektive eines neuen besseren Lebens.

ich ein großes Herz für eben diese Gruppen von Menschen wie Punks, Hooligans und Skinheads. Ich bin der festen Überzeugung, dass jeder Mensch, sei er noch so tief unten, von Jesus gerettet werden kann, und sehe meine Berufung darin, gerade ihnen zu helfen, aus der Aussichtslosigkeit und der Sucht, egal welcher, herauszukommen und einen Neuanfang mit Jesus zu wagen."

Aber das größte Wunder besteht nicht darin, dass Menschen sich aus einem verpfuschten Leben voller Gewalt, Niedertracht und Hass zu Gott bekehren und ihr Leben ändern. Das wahre Wunder ist Jesus Christus. Er vergibt den schlimmsten Sündern und eröffnet für sie die Perspektive eines neuen besseren Lebens. Ich habe es oft erlebt, wie kaputte Menschen den Müll ihres Lebens zu Christus bringen und einen Neuanfang mit Gott geschenkt bekommen. Jesus sagt von sich: *„Wer zu mir kommt, den werde ich nicht abweisen."*

Alexander Garth ist Pfarrer an der Stadtkirche St. Marien in Wittenberg.

Klaus Göttler

Willkommenskultur

Willkommenskultur – das ist ein Wort, das in den letzten Jahren immer wieder durch die Presse gegeistert ist. So viele Menschen sind aus Angst um ihr Leben und in der Hoffnung auf ein besseres Leben zu uns nach Europa gekommen. Doch die Willkommenskultur war in der Realität nicht immer besonders ausgeprägt. Menschen hausten unter unwürdigen Bedingungen in irgendwelchen Camps und bangten um ihre Zukunft. Sie wurden in irgendwelchen provisorischen Gebäuden am Rande der Stadt verwahrt ohne Kontakt zur Bevölkerung. Doch es gab auch die anderen Beispiele: In Ostfriesland begegnete mir vor einiger Zeit eine Gruppe afrikanischer Geflüchteter, die auf Friesenfahrrädern über das flache Land fuhren. Als ich daraufhin meine ostfriesischen Gastgeber darauf ansprach, erzählten sie freudestrahlend, dass diese Geflüchteten mitten im Dorf angekommen waren und freundlich und hilfsbereit aufgenommen wurden. Das war ein wohltuendes Beispiel für mich, wie Willkommenskultur aussehen kann. Und es war gleichzeitig ein wunderbares Bild für die Willkommenskultur von Jesus. Natürlich hinkt es, wie jeder Vergleich, der auf Jesus abzielt. Aber es ist ein kleines Anschauungsstück, wie Jesus mit Menschen umgeht: Er empfängt sie mit offenen Armen. „*Jesus Christus spricht: Wer zu mir kommt, den werde ich nicht abweisen*“

(Johannes 6,37) – Jesus schlägt einem Menschen nicht die Tür vor der Nase zu. Er wirft ihn nicht hinaus. Im Gegenteil. Die Tür steht offen. Und das nicht nur in zwischenmenschlichen Fragen. Jesus sagt das in Verbindung mit lebenswichtigen Fragen. Es geht um unser Heil, um unseren Anschluss zum himmlischen Vater. In diesem Zusammenhang sagt Jesus: Die Türen stehen offen! Jeder ist eingeladen.

Jesus schlägt einem Menschen nicht die Tür vor der Nase zu. Er wirft ihn nicht hinaus. Im Gegenteil. Die Tür steht offen.

Ich habe das in meinem evangelistischen Dienst an vielen Stellen erlebt. Es gehört zu den schönsten Aufgaben im Reich Gottes: Geburtshelfer für neues geistliches Leben zu sein. Ich lade Menschen im Namen von Jesus ein, zu Gott nach Hause zu kommen. Und es ist ein himmlisches Erlebnis, wenn junge und alte Menschen tief bewegt entdecken, dass sie bei Jesus eine offene Tür finden.

Da war zum Beispiel ein obdachloser Mann, der bei einer Evangelisation als Ordner half. An einem Abend sprach er mich an und sagte: „Ich habe heute Abend das erste Mal in meinem Leben geweint. Als ich von Jesus gehört habe, ging es mir so nahe." Er erzählte mir seine schwierige Lebensgeschichte, die geprägt war von Gewalt. An diesem Abend ging er durch die offene Tür und fiel dem himmlischen Vater in die Arme.

Oder da war die junge Frau, die mit mir auf einer Freizeit unterwegs war. In meiner Erinnerung war es eine schwierige Freizeit. Als ich die Frau Jahre später bei einer Veranstaltung traf, kamen wir auf die Reise zu sprechen. Als ich ihr sagte, dass ich eher negative Erinnerungen an die Reise hatte, sah sie mich nachdenklich an und sagte: „Diese Freizeit hat mein Leben gerettet!" Sie erzählte mir, dass sie auf diese Reise mitgefahren ist, um mit Gott Schluss zu machen. Zu bitter waren die lieblosen Erfahrungen, die sie in engen christlichen Kreisen gemacht hatte. Doch auf der Freizeit entdeckte sie Jesus völlig neu und anders. Sie erlebte ihn als befreienden und Menschen zugewandten Freund. Für sie wurde es eine neue und überwältigende Erfahrung: „*Jesus Christus spricht: Wer zu mir kommt, den werde ich nicht abweisen*" (Johannes 6,37).

Wir haben unsere eigenen Erfahrungen mit Jesus. Vermutlich sind jedem von uns ganz unterschiedliche Seiten an Jesus wichtig. Auch in der Geschichte in Johannes 6 sind sehr unterschiedliche Aspekte wichtig: Brot des Lebens, das den Lebenshunger stillt. Das ist die gute und gleichzeitig ungemein provozierende Aussage. Jesus ist das Brot des Lebens direkt aus dem Himmel. Wer Anschluss an Gott haben will, muss Anschluss an Jesus haben. Er ist als Sohn Gottes das Gesicht Gottes in dieser Welt. Das hat die Leute damals ungemein provoziert, wie die Geschichte zeigt. Und das ist für viele bis heute eine streitbare Aussage. Jesus ist das Brot des Himmels und er ist die Tür zu Gott. Und diese Türe steht jedem offen, der ihn sucht.

Für mich ist diese Tatsache unglaublich wichtig und

trägt meinen Glauben: Jesus ist bedingungslos für mich. Wenn ich zu ihm komme, komme ich zu Gott. Wenn ich ihn sehe, sehe ich Gott. Ich sehe Gott als liebenden und zugewandten Vater. Ich sehe Jesus als unglaublichen Menschenfreund, der mit dem erklärten Willen in die Welt gekommen ist, die Menschen in den Himmel zu lieben und ihnen den Weg dorthin zu ebnen. Was gibt es Besseres, als mit diesem Gott unterwegs zu sein? Deshalb nehme ich diese Einladung von Jesus für mich voll in Anspruch. Und ich gebe sie gerne weiter. Ich staune, wie Jesus auch heute Menschen anspricht und berührt. Seine Willkommenskultur ist einzigartig. Offene Arme, offene Grenzen, bedingungslose Liebe – und während ich das schreibe, überlege ich: Ist das wirklich so? Grenzenlos? Ist nicht irgendwann das Maß voll? *„Jesus Christus spricht: Wer zu mir kommt, den werde ich nicht abweisen“* (Johannes 6,37). Jesus ist die Einladung zum Leben und der Freibrief in den Himmel. Die Einladung zu Gott flattert jedem Menschen ins Haus. Sie steht! Gott sei Dank!

Klaus Göttler ist Generalsekretär des Deutschen EC-Verbandes, Kassel, und stellvertretender Vorsitzender von proChrist.

Clemens Hägele

„Das kann doch keiner vergeben ..."

„Keine Predigt, sondern eine Episode, einen Impuls" – so wünscht es sich der Verlag ausdrücklich von den Autoren dieses kleinen Büchleins. Ich finde das gut. Trotzdem muss ich mich ganz schön am Riemen reißen, um bei der Jahreslosung 2022 nicht sofort ins Predigen abzurutschen. Wie schön könnte man hier über Rechtfertigung *predigen*: Über all das, was wir Jesus nicht (!) bringen müssen; darüber, dass es bei Jesus keine Anforderungsliste gibt; darüber, dass Jesus auch den, der schon bei ihm ist, nicht wieder hinausstoßen wird; über Heilsgewissheit usw. Wie aber eine „Episode" erzählen? Das ist doch alles eine Glaubenssache zwischen Jesus und einem einzelnen Menschen? Genau! Und solche Geschichten, die kann man erzählen.

Manche von uns kennen noch Fritz Pawelzik, CVJMer und Missionar in Ghana. 2012 interviewte ihn der ERF (Evangeliumsrundfunk/ERF Medien) und fragte, wie er zum Glauben gekommen wäre. Dazu muss man wissen, dass Pawelzik schwer unter seinen Kriegserfahrungen und der Schuld, die er im Krieg auf sich geladen hatte, litt. Im ERF erzählte er: „In der Gefangenschaft traf ich einen Engländer, der mir eine Bibel schenkte. Dadurch bin ich in eine Bibelstunde geraten. Dort ging es um die Geschichte von der Sünderin und wie sie frei wurde. Dann sagte der Erklärer: ‚Man kann die Geschichte nur verstehen, wenn man etwas weiterliest im Johannesevangelium. Da steht: Wenn euch nun der Sohn frei macht, so seid ihr wirklich frei. ‚Was ist Freiheit?‘, fragte ich ihn. Als ich seine Erklärung nicht verstand, beendete er kurzerhand die Bibelstunde. Dann habe ich ihm meine ganze Geschichte vom Krieg erzählt und sagte: ‚Das kann doch keiner vergeben.‘ ‚Doch‘, sagte er, ‚wenn deine Sünde blutrot ist, Jesus kann sie schneeweiß waschen.‘ Das war der Punkt in meinem Leben, an dem ich frei wurde. Und das ist das Schönste an unserem Glauben, dass wir freie Menschen sind, Befreite.“

Nicht abgewiesen. Befreit. Trotz allem, was war.

Ich wünsche mir, dass das, was Jesus Christus tut (Menschen nicht abzuweisen!), zum Stil unserer Gemeinden wird. Wir sind ja „Leib Christi“. Also wäre es doch merkwürdig, wenn wir gar nichts mit dem zu tun hätten, was der Chef tut, mit diesem „Nicht-Abweisen“. Dann wären wir zwar eine Gemeinschaft vieler „Nicht-Abgewiesener“, eine Gemeinschaft aber, die daraus nichts gelernt hat.

Vielleicht wäre es gut, für unsere Gruppen und Gemeinden eine Checkliste zu haben, die wir immer mal wieder durchgehen: Für mich hätte sie mindestens zwei Punkte:

1. Sind in unserer Gemeinde, unserer Gruppe, auch solche Menschen, für die Ablehnungserfahrungen im Alltag das Normale sind, die aber merken, dass sie hier, in dieser Gruppe und in dieser Gemeinde, nicht abge-

wiesen werden? Sind bei uns auch Schräge und Seltsame? Wenn nein, warum nicht? Darf durch solche Menschen meine persönliche Traumvorstellung von christlicher Gemeinde auch einmal platzen?

Sind bei uns auch Schräge und Seltsame? Wenn nein, warum nicht?

2. Wo weisen wir ab, ohne es zu wollen und vielleicht sogar ohne es zu merken? Ein Freund von mir ist westfälischer Pfarrer und sehr aktiv in der Beratung von Gemeinden. Wenn er Gemeinden berät, geht er manchmal vorher bei einer solchen Gemeinde in den Gottesdienst. Nach dem Gottesdienst ging er einmal auf den Pfarrer zu. „Hallo, mein Name ist XY, ich möchte mich kurz vorstellen." – „Tut mir leid, ich muss gerade noch mit meinen Konfirmanden …", und weg war er. Er ging zum nächsten: „Hallo, mein Name ist XY, ich möchte mich kurz …" – „Tut mir leid, ich muss gerade noch den Kaffee fertig machen", und weg war er, usw. Dabei beobachtete er, wie sich die Mitarbeiter offensichtlich alle gut kannten und gerne mochten, ja oft gegenseitig umarmten. Später fragte er die Mitarbeiter, ob sie eine offene, Menschen zugewandte Gemeinde seien. Ja, antworteten sie. Ich glaube, dass das eine tolle Gemeinde ist (ich kenne sie nicht, nur aus der Erzählung meines Freundes), dass sie aber nicht merkt, wie sie Menschen ungewollt abweist. Wo weisen wir in unseren Gruppen und Gemeinden Menschen ungewollt ab?

„Jesus Christus spricht: Wer zu mir kommt, den werde ich nicht abweisen." Das ist die Grunderfahrung jedes

Christen. Lassen Sie es uns auch zum Motto unseres Handelns in unseren Gemeinden machen:

Doch, ich glaube, man kann, man muss sogar zu diesem Vers etwas erzählen! Wenn Jesus den, der zu ihm kommt, nicht abweist – wie ist es dann mit seiner Gemeinde und denen, die zu ihr kommen? Hier gibt es reichlich Episoden, schöne und hässliche.

Wir alle kennen Ablehnungsgeschichten. Meine frühesten kommen aus dem Sportunterricht. Die Besten der Klasse durften sich ihre Mannschaften selbst zusammenstellen. Sie ahnen, was jetzt kommt. Genau, zusammen mit ein paar Leidensgenossen saß ich am Schluss ziemlich oft noch auf dem Hallenboden. Fast alle waren schon auf die Mannschaften verteilt. Ich war noch „übrig". Abgewiesen. Weiter ging es mit dem ersten Verliebtsein. Korb. Abgewiesen. Aber, wenn ich ehrlich bin: Ich hatte immer Menschen, die mich nicht abgewiesen haben. Immer. Andere haben das nicht. Ihr Leben ist ein einziges Die-Tür-vor-der-Nase-zugeschlagen-Bekommen.

Wer darf bei uns kommen? Sind bei uns auch Schräge und Seltsame? Wenn nein, warum nicht? – Dass Jesus niemanden abweist, werden uns die Menschen nicht glauben, wenn es an uns nicht spürbar ist. Gerade wer schon oft die Tür vor der Nase zugeschlagen bekommen hat, hat dafür ein feines Gespür!

Dr. Clemens Hägele ist Rektor des Albrecht-Bengel-Hauses in Tübingen.

Frank Heinrich

„Käpt'n" oder: Kein Gast wird abgewiesen!

Wieder einmal schneite er einfach so herein. Dieses Mal hatte er noch etwas mehr „getankt" als sonst, dabei war es noch lange nicht später Abend. Die meisten von uns kannten den Teil der Geschichte unseres „Käpt'n", die ursächlich für seine Probleme war: Jahrelang hatte er in der Fremdenlegion gedient und sich dabei offensichtlich Dämonen eingefangen, die er nicht mehr ertragen konnte, ohne sie im Alkohol zu ertränken. Mit einer Luft-Kalaschnikow ballerte er um sich und verlangte dann nach einem Kaffee. Ich stellte mich neben ihn, legte meinen Arm um ihn, und das war schon ein Risiko an sich: Nach so einer Umarmung musste man anschließend selbst mitunter ins Bad, um den strengen Geruch wieder loszuwerden. Aber wir liebten Käpt'n, denn es ließ sich herrlich mit ihm plaudern, nicht immer allzu inhaltsreich, aber durchaus originell. An diesem Abend wurde mir jedoch bewusst, dass er den Vormittag offensichtlich zu nah am Fernseher verbracht hatte. Mitten im Irakkrieg waren die dort gezeigten Bilder für ihn so realistisch, dass er zu dem Schluss kam, den dort gezeigten Angriff selbst geflogen zu sein.

Als langjähriger Heilsarmeeoffizier und Sozialarbeiter kommen mir zwei Dinge in den Sinn, wenn ich über die Jahreslosung *„Wer zu mir kommt, den werde ich nicht ab-*

weisen" nachdenke. Zum einen gibt es nur eine einzige Bedingung dafür, nicht abgewiesen zu werden: Ich muss kommen. Mich tröstet das, denn ich kenne mich nur allzu gut. Viel zu schnell betrachte ich mich aus den unterschiedlichsten Gründen für ausgeschlossen, wenn es um meine Beziehung zu Jesus geht. Zum anderen ziehe ich als Liebhaber mathematischer Rechenaufgaben eins und eins zusammen: Wenn ich als Nachfolger von Jesus verstanden habe, dass er mir seine Genetik „vererben" will, dann kann das nur bedeuten, dass auch ich niemanden hinausstoßen werde, der zu mir kommt. Zumindestens wird das meine Grundhaltung sein.

Damit wären wir wieder bei unserem Käpt'n angelangt. Wir im Freiburger Café „Insel" gehören zu Jesus, also gehört Käpt'n auch zu uns, wenn er zu uns kommt. Auf dieser Basis war er bei uns Stammgast. Wir liebten ihn, das Original, und er fühlte sich bei uns willkommen. Doch an diesem Abend stand ein weiterer Gast mit Käpt'n und mir am Tresen, der uns und insbesondere mich beobachtete. Und was folgte, war für mich einer der schlimmsten Momente meiner Dienstzeit. Irgendwann schaute der sehr fromme Student aus einer befreundeten Gemeinde mich an und sagte kopfschüttelnd und auf Englisch – wohl damit Käpt'n ihn nicht verstand – in unsere Richtung: „Just leave it – its not worth it!" („Lass es einfach sein, es ist es nicht wert!")

Wenn ich als Nachfolger von Jesus verstanden habe, dass er mir seine Genetik „vererben" will, dann kann das nur bedeuten, dass auch ich niemanden hinausstoßen werde.

Bis heute hoffe ich, dass er nicht gemeint hat, was ich damals verstand. Hatte er wirklich für meinen Freund die dritte Person gebraucht und von ihm in der „Es-Form“ gesprochen? Und hieß das, ich sollte Käpt'n nur deswegen links liegen lassen, weil mein Gegenüber glaubte, ihm sei nicht zu helfen? Meinte er allen Ernstes, ich sollte nur die lieben, bei denen es sich lohnt? Es schmerzt mich, dass ich keine Gelegenheit mehr hatte, mit dem Studenten darüber zu sprechen. Doch ich finde es zutiefst bedauerlich, dass ich in all den Jahren viel zu oft die Bestätigung bekommen habe, dass Christen in einer solchen Haltung leben: „Wenn ich keine wie auch immer geartete Erfolgschance bei jemandem sehe, dann lass ich ihn fallen, denn er hat es sich verscherzt.“

Offensichtlich hat sich seit den Lebzeiten von Jesus bei uns Menschen nichts geändert. Auch damals lösten seine Worte intensive Diskussionen aus. Er hatte zu Tausenden gepredigt und sie anschließend mit Brot versorgt. Die Fragen der Zuhörer, wie sie das alles einordnen sollten, nahm er zum Anlass, sich als „das Brot des Lebens“ vorzustellen. Das ließ er in der Aussage gipfeln: *„Wer zu mir kommt, den werde ich nicht abweisen.“*

Nun lässt sich trefflich streiten, was damals die Aufregung erzeugt hat und wie wir es heute einordnen und in unseren Alltag integrieren können. Aber liegt es nicht viel näher, sich auf das zu beschränken, was leicht zu verstehen ist: Wer zu Jesus kommt, wird nicht abgewiesen. Schwierigkeiten macht in erster Linie der Umkehrschluss, dass wir als Nachfolger von Jesus mit seiner

Genetik leben. Auf einmal können auch wir Menschen, die wir von unserem himmlischen Vater vor die Nase gesetzt bekommen haben, nicht mehr so einfach abweisen.

Mich erinnert die Jahreslosung in erster Linie daran, dass JESUS uns, das heißt mir selbst und uns allen, auftrug, ohne Voraussetzung zu lieben. Mag sein, dass wir aufgrund von unseren Voraussetzungen schon viel zu viele Mitmenschen aussortiert haben – peinlich genug. Doch dabei dürfen wir auf keinen Fall übersehen, dass die Zusage von Jesus für jeden gilt, vor allem dann, wenn wir uns gerade ertappt gefühlt haben: *Wer zu mir kommt, den werde ich nicht abweisen!*

Anregungen zum Weiterdenken: Wer ist der „Käpt'n" in meinem Leben?

- Wen hat Gott in mein Umfeld geschickt?
- Wer unter diesen Menschen hat es geschafft, sich durch sein Benehmen mir gegenüber zu disqualifizieren? Oder wer hat es gar nicht erst geschafft, zu mir durchzudringen, obwohl er oder sie mir ganz nahe gekommen ist? Vielleicht, weil er oder sie gestunken, exzessiv getrunken oder sonstige Unannehmlichkeiten mitgebracht hat? Wie gehe ich mit solchen Menschen um?
- Ich bin der festen Überzeugung, dass es bei der Jahreslosung gar nicht zuerst um die geht, die alle anderen „hinausstoßen" würden (so die Übersetzung in der Lutherbibel). Vielmehr geht es darum, die nicht

abzuweisen, die uns nahestehen, auch dann, wenn es schwerfällt. Manchmal werden solche Personen als unsere „Schleifsteine“ bezeichnet. Wer könnte das sein und wie will ich mit ihm oder ihr umgehen?

Frank Heinrich, MdB, ist Sozialpädagoge und Theologe.

EVA HOBRACK

Ausgedrückt in Metern und Euro?

Frank und Katja wohnten noch nicht lange in der Stadt. Weil der christliche Glaube in ihrem Alltag eine wichtige Rolle spielte, suchten und fanden sie bald Anschluss an eine Gemeinde. Regelmäßig nahmen sie an den Gottesdiensten teil. Schnell ergaben sich auch gute Kontakte zu einem Hauskreis. Alle freuten sich über diesen „Zuwachs“. Ihre Gedanken halfen oft, Gottes Wort für das tägliche Leben praktisch anzuwenden. So zum Beispiel, als die Bergpredigt von Jesus dran war. Lebhaft ging es hin und her über der Frage: Wie weit soll man denn gehen mit dem Teilen, mit dem Begleiten, mit dem Unrechthinnehmen und gar erst mit dem Ausleihen? Man schien auf keinen gemeinsamen Nenner zu kommen. Schließlich fragte ein Teilnehmer: „Katja und Frank, was sagt ihr denn dazu? Ihr habt euch noch gar nicht geäußert." Die beiden schauten sich an: „Wollen wir das erzählen?", fragte Frank seine Frau. Die nickte lächelnd.

„Es war in unserer vorigen Gemeinde. Marit, eine unserer Mitarbeiterinnen, kam eines Sonntags in Begleitung eines Ausländers zum Gottesdienst. Bald war allen klar: Die beiden sind ein Paar. Und es dauerte auch nicht lange, bis es jeder sah: Da kommt ein Baby an. Sie versuchte tapfer, ihre Ausbildung zu beenden. Ali, ihr Partner, stammte aus Marokko und war Moslem. In Deutschland hatte er einen festen Arbeitsplatz und eine Wohnung. Er zeigte großes Interesse am Christentum, besuchte eifrig unsere Veranstaltungen und fragte nach Gott und dem Glauben, z. B. wollte er gern beten lernen. Bereitwillig übernahm er kleine Aufgaben in unserer Gemeinde. Dann wurde das Töchterchen geboren, und alles schien in Ordnung zu sein. Einmal baten die beiden uns als Ehepaar um ein seelsorgerliches Gespräch. Dadurch war zwischen uns ein Vertrauensverhältnis entstanden. Wir freuten uns über die guten geistlichen Anfänge bei Ali.

Dann brach das Unglück herein: Monatelang hatte Ali seine Partnerin betrogen, aber nicht mit einer anderen Frau. Er war in seine alte Spielsucht zurückgefallen, von der niemand etwas geahnt hatte. Ein hoher Schuldenberg drohte die kleine Familie zu ruinieren. Als viele Gespräche, Versprechen, ja sogar eine Suchttherapie nichts halfen, zog Marit die Reißleine: Sie trennte sich endgültig von Ali.

Weil der aber weiter unsere Gemeinde besuchte, wandte sie sich einer anderen zu. Das war schmerzlich für uns, aber wir konnten das natürlich verstehen. Ali bekam eine Wohnung zugewiesen, aber die war leer und die Not war groß. Wir konnten ihm aushelfen. In unserem nicht ganz jungen Haushalt war manches übrig. Einige kleine Möbel baute ich mit ihm gemeinsam auf, ein Fahrrad überließen wir ihm und einmal halfen wir ihm mit einem Geldbetrag aus der Patsche. Unser Haus stand ihm offen. Da konnte er einmal der Versuchung nicht widerstehen und stahl uns Geld. Bevor wir es merkten, war es weg – verspielt.

Ali wollte, dass wir alle Zuwendungen auflisteten. Er wollte es alles zurückzahlen. Das bestätigte er uns schriftlich. Uns war klar, wie schwierig das werden würde: Bei regelmäßigem Verdienst war er ja zu Unterhaltszahlungen verpflichtet. Dann verloren wir ihn aus den Augen. Er schien spurlos verschwunden.

Irgendwann tauchte er wieder auf. Inzwischen hatte er wieder einen festen Arbeitsplatz und hatte sich scheinbar stabilisiert. Aber er kam nicht mehr in unsere Gemeinde. Wir versuchten mit Einladungen, Briefen, Telefonaten, ja, auch mit Zahlungserinnerungen wieder in Kontakt zu kommen. Wohl versprach er manches, aber er hielt nichts. Zu der Zeit war in der Bibellese die „Bergpredigt" im Lukasevangelium dran. Wie gewohnt lasen Katja und ich morgens gemeinsam den angegebenen Abschnitt. Da geschah etwas Bemerkenswertes: Unabhängig voneinander dachten wir beide an Ali.

Mich traf der Satz: „Wer dir das Deine nimmt, von dem fordere es nicht zurück!" (Lukas 6,30b). Katja dachte: Mit unserem Rückzahlungsanspruch halten wir an Alis Schuld fest und möglicherweise verhindern wir damit, dass er zurückkommt in die Gemeinde und zu Gott. Als wir uns gegenseitig unsere Gedanken sagten, wussten wir: Jetzt hat der HERR zu uns geredet. Wir schrieben Ali einen Brief, in dem wir ihm versicherten, dass wir ihm alle Schulden erlassen und ihm vergeben. Die Liste mit den Schulden und seine eigene Zahlungsverpflichtung legten wir mit in den Umschlag zum Zeichen, dass wir nichts mehr gegen ihn vorzubringen haben. Und wir luden ihn ein, einen Neuanfang mit Jesus zu machen.

Alle schwiegen, jeder hing seinen Gedanken nach. Katja nahm das Gespräch wieder auf: „Die Geschichte hat kein ‚Happy End', noch nicht; wir beten für Ali. Wir haben euch das auch nicht als Beispiel für Edelmut erzählt. Uns ist etwas Wichtiges klar geworden. Man kann die Fragen, die uns dieser Text stellt, nicht in Metern oder Euro beantworten. Der Maßstab ist ein völlig anderer, nämlich die Barmherzigkeit von Jesus. Er bietet jedem an, dass er ihm die Schuldenliste ungültig macht. Er vergibt alles. Er hilft in jeder Not. Niemanden weist er ab, der ihn darum bittet."

Man kann die Fragen, die uns dieser Text stellt, nicht in Metern oder Euro beantworten. Der Maßstab ist ein völlig anderer, nämlich die Barmherzigkeit von Jesus.

Dr. Eva Hobrack ist Fachärztin für Lungenkrankheiten i. R.

Reinhard Holmer

Den Riss schließen

Zunächst denkt man ja: Das macht doch keiner, dass man jemanden, der zu einem kommt, nicht ins Haus einlässt oder gar hinauswirft. Eigentlich selbstverständlich. Und doch kommt es häufiger vor, als wir denken. Wenn das bei fremden Menschen passiert, von denen sich einer schlecht benommen hat, mag das ja noch gehen. Dann ist das eine kurze Episode, nicht schön, aber bald wieder vergessen. Ganz schlimm ist es aber, wenn es die nächsten Angehörigen betrifft.

So passierte es in einer mir bekannten Familie: Der Vater hatte strenge Grundsätze und versuchte, seine Kinder nach diesen harten Regeln zu erziehen. So war auch er schon erzogen worden. Und so sollte es nun auch bei den eigenen Kindern klappen. Doch einem der Söhne passte das nicht. Er entsprach nicht den Vorstellungen des Vaters und wollte das auch gar nicht. Wie so oft: Der Streit entzündete sich an Kleinigkeiten. Er eskalierte nach und nach und schließlich gab es den totalen Bruch. Der Vater gab seinem Sohn noch mit, dass er sich niemals wieder zu Hause sehen lassen solle. Daran hielt sich der Sohn zunächst auch. Auch die übrigen Familienmitglieder durften keinen Kontakt zu ihm haben. Der Sohn lebte sein Leben, heiratete und bekam selber einen Sohn. Aber auch als Opa wollte der Vater von alledem nichts wissen. Der Enkel interessierte ihn offensichtlich nicht. Eines Tages aber stand der Sohn vor der Tür des Elternhauses. Er hatte einen Blumenstrauß in der Hand und wollte sich endlich mit dem Vater versöhnen. Aber der Vater ließ ihn nicht hinein. Die Tür schlug zu, der Sohn stand draußen vor der Tür.

Es kam die Hochzeit des Bruders, der sich nun entscheiden musste, wen er einladen wollte. Für den Vater war klar: Wenn der Bruder eingeladen wird und kommt, würde er nicht an der Hochzeit teilnehmen. Der Bräutigam wollte das nicht akzeptieren, schließlich war es doch sein Bruder. Der Vater blieb der Hochzeit seines Sohnes fern, weil der Bruder kommen wollte. Einige Zeit später heiratete die jüngere Tochter. Auch sie musste wählen und lud aus bekanntem Grund den verstoßenen Bruder nicht ein. Was für ein Riss in dieser Familie, der bis zum Tod des Vaters nicht zu schließen war! Für alle Beteiligten war es eine kaum zu ertragende Situation.

Wie anders handelt Jesus! Immer wieder erkennen wir im Evangelium, wie die Jahreslosung nicht einfach nur ein Spruch von ihm war, sondern wie er durch sein ganzes Handeln bestätigt hat: Niemand wird abgewiesen. Allerdings haben wir uns an diese Tatsache erstaunlicherweise gewöhnt, so als sei es Gottes Pflicht, immer für uns da zu sein.

Niemand wird abgewiesen. Allerdings haben wir uns an diese Tatsache erstaunlicherweise gewöhnt, so als sei es Gottes Pflicht, immer für uns da zu sein.

Wie unwahrscheinlich diese Botschaft der Jahreslosung in diesem Jahr ist, wurde mir bei einer Andacht in unserer Klinik deutlich. Da waren etwa zwanzig Patienten anwesend. Ich hatte einen befreundeten Prediger mitgenommen. Er erzählte aus seinem Leben. Er war in keinem christlichen Elternhaus aufgewachsen und darin war er den meisten unserer Patienten gleich. Von Gott hatte er keine Ahnung und lebte sein Leben völlig ohne ihn. Dann erzählte er, wie er bei der Bundeswehr einen Christen traf, und wie der ihm von Gott erzählte. Unbegreiflich für ihn, dass sich da jemand für ihn interessiert. Schließlich war er zum Glauben an Jesus gekommen und dieser Jesus veränderte sein ganzes Leben. Er studierte Theologie und ist nun Prediger, der viel mit jungen Leuten zu tun hat. Und nun erklärte er unseren Patienten, dass Gott eine große Sehnsucht nach uns Menschen hat. Gott will nicht, dass es uns schlecht geht. In grenzenloser Liebe sehnt er sich nach jedem Einzelnen von uns. Das gilt, egal, wer wir sind, was wir getan haben und ob wir bisher mit Gott etwas zu tun hatten. Jeder kann zu Jesus kommen.

Bis dahin war das für mich eine schöne Andacht – so kannte ich es: Vorstellung der Liebe Gottes, Einladung zum Glauben – und wenn es gut geht, sind die Leute nicht völlig ablehnend, finden es interessant, klatschen sogar manchmal Beifall und gehen wieder zu ihrem Stationsalltag über.

Doch diesmal war es anders. In der ersten Reihe saß ein junger Mann und hörte völlig entgeistert zu. Mit einem Mal stieß er hervor: „Du hast doch keine

Ahnung vom Leben! Wieso erzählst du uns hier so was. Wieso sollte Gott mich aufnehmen? Jesus muss mich hinausstoßen. In meinem Leben ist so viel Mist passiert (er gebrauchte ein anderes Wort). Alles ist kaputt, meine Beziehungen, mein Lebenslauf und nun auch meine Gesundheit. Gott kann mich nicht aufnehmen, mich nicht! Ich kann mich selbst ja nicht mehr ertragen, kann nicht mehr in den Spiegel sehen. Mein Leben ist völlig am Ende. Ich kann es nur noch mit Drogen ertragen – aber die helfen ja auch nicht mehr und machen mein Leben endgültig kaputt. Ich kann nicht glauben, was ihr uns hier erzählt." Völlig aufgelöst, mit Tränen in den Augen, stand dieser junge Mann vor uns.

Mit Mühe haben wir diese Runde beendet. Alle waren sehr betroffen von diesem Ausbruch und wir konnten danach noch länger mit dem jungen Mann reden. Er war noch einige Tage auf unserer Station, dann habe ich ihn aus den Augen verloren. Im Nachgespräch mit meinem Freund wurde uns beiden erneut klar: Das ist wirklich eine unglaubliche Aussage: Jesus wird uns nicht abweisen. Das gilt mir, der ich in einem christlichen Elternhaus aufgewachsen bin und lange nicht wahrhaben wollte, dass auch ich Jesus brauche. Das gilt denen, die nie etwas von ihm gehört haben und ihr Leben ohne ihn gelebt haben, und das gilt denen, die ihr Leben scheinbar verspielt haben und eigentlich nichts mehr erwarten. Wir dürfen ihn bitten, in unser Leben zu kommen, uns zu verändern und werden nicht abgewiesen. Jesus ist so ganz anders, als wir es unter uns erleben.

Reinhard Holmer ist Direktor des Diakonissen-Mutterhauses und theologischer Geschäftsführer des Diakonie-Krankenhauses in Elbingerode

STEFFEN KERN

Der Soldat und das Ei

Es ist eine alte Geschichte. Eine Kriegsgeschichte, zugleich ein Stück Familiengeschichte. Einer der Vorfahren unserer Familie zog mit der deutschen Wehrmacht in den Zweiten Weltkrieg. Er war ein frommer Mann. Gärtner von Beruf, Friedhofsgärtner. Blumen waren seine Welt, nicht Gewehre, Panzer und Schützengräben. Er hatte Sinn für die Schönheit der Pflanzen, für das Wachstum, für das Leben – für das Marschieren, Kämpfen und Töten dagegen hatte er wenig bis gar nichts übrig. Aber danach wurde nicht gefragt in jenen Jahren. Er wurde eingezogen wie viele andere auch. So zog er gen Osten. Der große Russlandfeldzug der deutschen Armee, getrieben vom Größenwahn eines nationalistischen und rassistischen Regimes. Obwohl er den Wahn nicht teilte, war er nun auch ein Teil davon. Er, der Gärtner mit dem

Sinn für das Schöne. Und er, der Betbruder, der zu Hause regelmäßig eine Liebenzeller Gemeinschaft besuchte, jeden Tag in der Bibel las und betete. Nun war er Soldat.

Was am 22. Juni 1941 mit dem Überfall auf die Sowjetunion begann und nach dem Ende der Schlacht um Berlin am 2. Mai 1945 mit der bedingungslosen Kapitulation der Wehrmacht am 8. Mai 1945 endete, war eine Zeit des Schreckens. Die Deutschen hinterließen in großen Teilen verbrannte Erde. Häuser wurden niedergebrannt, Betriebe zerstört, Brunnen vergiftet. Alles sollte dem Boden gleichgemacht, kein Dorf, kein Haus ausgespart werden. Entsprechend wüteten Soldaten der Roten Armee bei ihren Rückeroberungen auf dem Vormarsch Richtung Westen. Die Schreckensjahre des 20. Jahrhunderts sind in den Geschichtsbüchern dokumentiert. Die tausend kleinen persönlichen Geschichten werden hingegen nur erzählt. Auch die eine kleine Geschichte des betenden Soldaten.

Unzählige Kilometer legte er zurück. Immer wieder kam er in den Weiten Russlands mit einer kleinen Gruppe von Kameraden auf Bauernhöfen unter. Sie wurden nicht als Gäste empfangen. Die Truppe nahm Höfe in Beschlag, blieb einige Tage dort und zog dann weiter. Die Soldaten saßen am fremden Tisch mit der Bauersfamilie, sie schliefen in den Zimmern des Hauses. Sie waren – um es gelinde auszudrücken – ungebetene Gäste. Eindringlinge. Störenfriede. Feinde. Gefürchtet. Gehasst. Und nur erzwungenermaßen geduldet. Nach einigen Tagen zog die Gruppe weiter. Beim Aufbruch erlebte der Soldat eine Überraschung, von der er Jahre später noch erzählen sollte.

Seine Kameraden gingen schon voraus. Auch er hatte seine Utensilien geschultert, um den Hof zu verlassen. Es hatte kein Willkommen gegeben, also auch keinen Abschied. Er grüßte kurz, hob die Hand und nickte der Bauersfamilie zu. Und da geschah es. Die Frau des Hauses zog ein Ei aus ihrer Schürze. Am Morgen hatte sie es aus dem Hühnerstall geholt und steckte es nun dem Soldaten zu. Völlig verdutzt sah er sie an. Wie das?

Ein Ei war wertvoll in diesen Zeiten. Ein kleines Stück Luxus. Wertvolle Kalorien in kargen Tagen. Wie kam sie, die mit ihrer Familie selbst so wenig hatte, dazu, ihm ein Ei zu geben? Warum ein Abschiedsgeschenk für einen Soldaten aus der Fremde, der mit seiner Armee so viel Kummer über ihr Land brachte? Warum diese Freundschaftsgeste für einen, der zu den Feinden gehörte?

Mit Worten erklären konnte sie es nicht. Sie sprach kein Wort Deutsch, er kein Russisch. Sie machte nur eine Geste: gefaltete Hände – und zeigte dann mit dem Finger auf ihn. Sollte heißen: „Du hast immer gebetet. Wir beten auch. Über alle Grenzen und Feindschaften hinweg verbindet uns etwas: der Glaube an einen Gott."

Tatsächlich war das so gewesen: Der Soldat hatte auch auf dem Feldzug vor jedem Essen die Hände gefaltet und kurz gebetet. Der leise Spott der Kameraden war ihm gleich. Es gehörte zu seinen Ritualen. Vor jeder Mahlzeit. Wie spärlich diese auch ausfiel, wie jämmerlich sie schmeckte, wie kärglich das Mahl auch war – immer faltete er kurz die Hände. Er konnte gar nicht anders. Genau das hatte die russische Bauersfrau still beobachtet. Und diese Verbundenheit drückte sie mit ihrem kleinen, aber so wertvollen Geschenk aus. Offenbar war auch sie selbst eine Beterin. Vielleicht mit einem anderen Glauben, vielleicht einer anderen Konfession zugehörig, aber offenbar mit einem Sinn für so etwas wie Gottesfurcht.

Der Soldat sollte später seinen Kindern und Enkeln von dieser Frau und jenem Ei erzählen. Er habe es mit größtem Genuss roh getrunken. Bei diesem Teil der Geschichte rümpften immer alle die Nase und verzogen das Gesicht. Ein rohes Ei trinken ... wahrscheinlich kann kaum jemand der Nachgeborenen den Genuss und die Freude so ganz nachvollziehen. Dann sei er weitergezogen. Ein dankbarer Blick. Ein letzter Gruß. Und der Marsch ging weiter. Nie wieder habe er etwas von dieser Bauersfamilie und ihrem Schicksal erfahren. Aber immer wieder erzählte er diese Geschichte. In unserer Familie wird sie bis heute weitererzählt.

Wie gesagt: eine kleine Geschichte. Ist sie überhaupt der Rede wert? Soll man im Jahr 2022 ernsthaft von einem rohen Ei im Russland der 1940er-Jahre erzählen? – Ja, man soll! Denn für den Soldaten war diese kleine Geste ein Zeichen des Himmels in der Hölle des Krieges. Mitten in dem Land, in das sie als Feinde eindrangen, gab es einen Gruß, eine kleine menschliche Zuwendung, ein Zeichen der Verbundenheit. Es war nicht der Dank dafür, dass sie das Haus nicht zerstört und sich anständig verhalten hatten – es war Ausdruck dessen, dass Menschen jenseits ihrer Nationalität, ihrer Machthaber und ihrer Prägungen durch das Vertrauen auf einen Höheren verbunden sind. Ein Ausdruck für Mitmenschlichkeit und gegenseitige Achtung. Dem Soldaten war es in den folgenden Monaten eine Kraftquelle. Dieses Ei gab ihm mehr Energie, als es sich in Nährwerten je ausdrücken ließe.

Jesus Christus spricht: „Wer zu mir kommt, den werde ich nicht abweisen." Bei ihm sind alle willkommen. Freunde. Fremde. Sogar Feinde. Er gibt ihnen alles: Heimat. Hoffnung. Ewiges Heil. Das ist Versöhnung. So ist Leben möglich. Wer von seinem Geist erfüllt ist, wird genauso handeln und es andere erfahren lassen. So kommt es in den dunkelsten Zeiten der Geschichte und unseres Lebens zu den kleinen und doch wundervollen Überraschungen, die alle Abweisung durchbrechen. Genau davon erzählt die Geschichte vom betenden Soldaten und dem Ei.

Steffen Kern ist Präses des Evangelischen Gnadauer Gemeinschaftsverbandes.

Ursula Koch

Ausgestoßen

Die Frau hockt unter einem dürren Busch. In der Hitze des Nachmittags malt die brennende Sonne durch die kahlen Zweige schwarze Streifen auf ihr Gesicht. Die Frau hat Durst. Aber sie hat nichts zu trinken. Sie hat auch Hunger, aber der Durst ist schlimmer.

Auf der Straße fahren Autos vorbei und wirbeln den Staub vom Rand des Asphalts auf. Sie schmeckt den Staub auf der Zunge. Keiner, der in den Autos sitzt, sieht sie. Alle schauen nach vorn, wo sich das graue Band der Straße durch die Trockensavanne zieht. Nur die Frau schaut nicht nach vorn. Sie starrt ins Leere.

Noch hört sie die Schreie, das Gebrüll der Männer, die kreischenden Stimmen der Frauen: „Hexe! Hexe! Fort mit dir."

Auch die Kinder schrien mit und warfen Steine. Die Kinder, denen sie immer mal eine der wenigen Mangos vom Baum in ihrem Hof geschenkt hat. Die sie auch mal den Topf mit der Hirse auslecken ließ, wenn sich eins von ihnen hungrig heranschlich. Jetzt schreien sie mit, weil die Mutter und der Vater, die Tante und der Großvater gesagt haben: „Sie ist schuld, dass unser Sohn gestorben ist. Sie muss es sein. Fort mit ihr!"

Wieder braust ein Lastwagen vorüber, beladen mit Mineralwasserflaschen. Sie brauchte keine Flaschen. Nur einen Brunnen, eine Lache – aber die sind alle ausgetrocknet. Sie wird sterben, denn sie ist ausgestoßen. Sie wird sterben, denn niemand will etwas mit ihr zu tun haben. Sie gehört nicht mehr dazu. Für sie gibt es kein Wasser mehr, keinen Hirsebrei, kein Dach über dem Kopf, das Schatten spendet. Kein freundliches Wort. Sie ist ausgestoßen – und weiß nicht, warum. Niemand hat es ihr erklärt.

Plötzlich kreischen Bremsen. Sie schaut auf, ohne etwas zu sehen. Die Sonne steht schon tief. Aber da ist ein Schatten. Mehr erkennt sie nicht. Der Schatten kommt auf sie zu. Will er sie bestehlen? Will er ihr vielleicht noch das Tuch nehmen, in das sie gehüllt ist? Es ist ein buntes Tuch. Ihr Sohn hat es ihr geschenkt, bevor er fortging, sie allein als Witwe im Dorf zurückließ. Jetzt ist es das Einzige, was sie noch besitzt.

Der Schatten hat eine Stimme.

„Was machst du hier?"

Es ist eine dunkle Stimme wie die ihres Sohnes, der sie allein gelassen hat.

Sie weiß nicht, was sie sagen soll.

„Hast du Durst?" Der Schatten reicht ihr eine Flasche, sie greift zitternd danach. Wasser! Es läuft durch ihren Mund, sie schluckt und auf einmal spürt sie, dass sie noch lebt.

Noch einen Schluck und sie gibt die Flasche zurück.

„Trink doch weiter", sagt der Schatten, und als sie nicht antwortet, fragt er:

„Was machst du hier?"

Der Mann tritt zur Seite, sodass sie jetzt sein Gesicht erkennen kann. Er sieht sie unbewegt an. Aber sie weiß nicht, was sie antworten soll. Der Schrecken verschließt noch immer ihren Mund. Wie soll sie ihm erzählen, dass sie laufen musste, laufen, laufen, bis endlich das Geschrei hinter ihr verstummte und die Steine sie nicht mehr trafen? Sie wollte zur Straße, ohne zu wissen, was sie dort erwarten würde. Die Straße war nicht mehr das Dorf. Auf der Straße waren Menschen, die nicht mehr hinter ihr herschrien.

„Also, komm mit", sagt der Mann. Sie sieht, dass an der Kette, die er um den Hals trägt, etwas hängt: zwei gekreuzte Stäbe. Irgendwo hat sie das schon gesehen. „Ich bringe dich zu den Schwestern."

Sie hat eine Schwester, aber niemals wird die sie aufnehmen. Wer ausgestoßen ist, den kennt man nicht mehr, der hat keine Brüder und Schwestern. Trotzdem richtet sie sich mühsam auf. Der Mann stützt sie und hebt sie wie einen leichten Sack in den Lastwagen, vorn, wo es einen Sitz gibt, auf den er sie zu setzen versucht. Sie hat noch nie auf einem Autositz gesessen.

Schließlich fährt er los. Und sie schaukelt hin und her, verliert das Bewusstsein und wird erst wieder wach, als der Fahrer scharf bremsen muss vor drei Ziegen, die über die Straße rennen.

Sie reden nicht. Er fährt, sie wartet. Zu den „Schwestern"? Es kann nicht mehr schlimmer werden. Aber sie hat keine Kraft mehr, an irgendetwas Gutes zu glauben.

Es wird schon dunkel, da biegt der Wagen ab auf eine breite Sandpiste. Sie wird hin und her geschleudert und klammert sich an seinen Arm. Er flucht leise. Nur leise. Und dann hält er an.

Da ist ein großes Tor. Im letzten Licht sieht sie Buchstaben, die auf einem Schild daneben stehen. Sie kann nicht lesen. Ihr Bruder ging in die Schule, aber sie doch nicht. Den Sohn hat sie auch in die Schule geschickt. Und dann ging er fort. Sie hat Angst. Ist dies etwa eine Schule, wo strenge Lehrer mit ihren kleinen Stöckchen den Kindern auf die Finger schlagen, damit sie lernen, die Buchstaben zu erkennen?

Der Mann hat die kleine Tür neben dem Tor geöffnet und ist dahinter verschwunden. Soll sie fortlaufen? Aber wohin? Hier sind so viele Menschen unterwegs. Sie fahren an allen Seiten auf Rädern, ziehen schwer beladene Karren und die Frauen schleppen große Schüsseln auf dem Kopf.

Der Mann kommt wieder und mit ihm eine Frau, die so aussieht wie die Frauen im Dorf, aber sie trägt kein buntes Tuch um die Taille, sondern ein einfarbiges Kleid. Diese Frau streckt ihr beide Hände entgegen: „Komm herunter“, ruft sie. Ihre Stimme ist nicht laut. Ihre Augen schauen freundlich. Ohne es zu wollen, gleitet die Frau vom Sitz neben dem Fahrer herunter und wird – aufgefangen.

Einige Stunden später – langsam weicht die Hitze einer kühleren Abendluft, der Lastwagen ist schon längst in der Stadt –, da sitzt sie im spärlichen Licht einiger Glühlampen mit einer großen Menge anderer Frauen zusammen unter einem Dach auf einem sauber gefegten Boden. Die Frauen sprechen in verschiedenen Sprachen, aber viele auch in der, die ihr vertraut ist.

„Wo kommst du her?", fragt eine. Und zum ersten Mal heute öffnet sie den Mund und nennt den Namen ihres Dorfes. Eine andere dreht sich um. „Das kenne ich! Das kenne ich!", ruft sie. Auch die Frau, die am Eingang war, ist wieder da. Sie hockt sich neben ihr auf den Boden und sagt: „Willkommen! Wir haben einen Schlafplatz für dich gefunden. Wenn du willst, kannst du bei uns bleiben. Ich bin Schwester Monique."

An der Wand der offenen Halle erkennt die Frau wieder die beiden Stäbe, über Kreuz. „Was ist das?", fragt sie. „Das ist das Zeichen für Jesus Christus. Wir sind hier, weil wir glauben, dass er der Sohn Gottes ist. Und er – stößt niemanden hinaus."

Im „Centre Delwende" (= „Gott ist meine Stütze") am Rande von Ouagadougou, Burkina Faso, werden seit 50 Jahren als angebliche Hexen ausgestoßene Frauen aufgenommen und betreut. Trotz aller Bemühungen, auch von Seiten des Staates, konnte der unmenschliche Brauch bis heute nicht überwunden werden.

Ursula Koch, Berlin, 1977–1980 in Burkina Faso im kirchlichen Entwicklungsdienst, ist bis heute mit dem Projekt „Delwende" verbunden.

Gerhard Krömer

Gott will alle

Viele Jahre war ich verantwortlich für den Schladminger Jugendtag. Junge Menschen aus ganz Österreich kamen in der Regel um den 1. Mai zu einem Wochenende nach Schladming. Die Skisaison ist um diese Zeit vorbei. Und normalerweise sind auch die Gästehäuser geschlossen. Aber für den Jugendtag und die vielen Teilnehmenden machten in all den Jahren die Einheimischen in großer Gastfreundschaft eine Ausnahme. Ich habe Tausende junge Leute in super Quartiere unterbringen können. Mit dem Leiter des Tauernhofs Schladming, Gernot Kunzelmann, hatte ich 1979 festgelegt: Wir wollen, dass durch die Jugendtagsmeetings junge Menschen zum Glauben an Jesus Christus kommen, dass sie im Glauben an Jesus Christus bestärkt werden und dass sie ein super Wochenende in großer christlicher Gemeinschaft erleben.

Mir war dabei immer wichtig, dass Gäste aus ihrem Leben mit Jesus erzählen. Es war jedes Mal gleich aufregend. Gerne erinnere ich an die vielen Lebensberichte, z. B. an den eines Judokämpfers, der dann noch für Showkämpfe mit den Jugendlichen zur Verfügung stand, oder an den eines erfolgreichen Finanzjongleurs, der durch Betrügereien zuerst reich wurde und dann auf einmal verhaftet und eingesperrt wurde. Er verlor seinen ganzen Reichtum. Und er konnte froh sein, dass ihn die Mafia nicht gekillt hatte. Der Bericht einer jungen Frau über erlebten Missbrauch und Verachtung berührte ebenso wie das humorvolle Erzählen eines Kleinkunstdarstellers, der sehr anschaulich durch seine Tricks erklärte, wie leicht man getäuscht werden kann.

Für den Jugendtag 2016 hatte mir einer meiner Söhne den Unternehmer Alexander Egger aus Salzburg empfohlen. Er war ein erfolgreicher Kaufmann und ein geschätzter Motivationsredner. Gerne nahm er meine Einladung an. Als er zu erzählen begann, wurde es im großen Congress von Schladming ganz still. Man hätte eine Stecknadel fallen hören können. Von seinen Klassenkameraden wurde Alexander Egger nur „Zombiegesicht" genannt – einer der schwersten Neurodermitisfälle in Deutschland und in Österreich. Die Bilder, die Alexander Egger zeigte, waren schockierend. Der junge Mensch war durch seine Krankheit völlig entstellt. Unzählige Therapien und Behandlungsversuche. 17 Jahre lang, ohne Hoffnung auf Heilung. Und dann passierte etwas Außergewöhnliches: Alexander Egger war so verzweifelt, dass er sich in seiner Heimatstadt Salzburg das Leben nehmen wollte. Man muss sich das vorstellen: Da ist ein junger Mensch, 17 Jahre alt, von vielen ausgelacht, ohne Hoffnung auf Heilung und Zukunft, der will seinem Leben ein Ende setzen. Alexander Egger ging auf den Mönchsberg. Von dort hat man einen wunderbaren Blick auf die Stadt Salzburg. Und von dort kann man sich hinunterstürzen. Bevor er aber sprang, hielt er sich am Geländer fest und schaute über die Stadt. Und als er sich abstoßen wollte, konnte er es nicht, weil er festklebte. Seine Hände hafteten am Geländer fest. Und dann spürte er, dass Jesus Christus zu ihm sprach. Freunde und Bekannte hatten Alexander Egger davor schon von Jesus Christus erzählt, aber die Einladung, an Jesus Christus zu glauben, ihm zu vertrauen, hatte er stets abgelehnt. Aber nun hatte er den Eindruck, Jesus ist da und spricht zu ihm und sagt ihm: „Vertraue mir dein Leben mit deiner Not an." Alexander Egger bekam nicht die Zusage: „Du wirst gesund werden." Aber er begriff, dass er sich mit seinem ganzen Elend Jesus Christus anvertrauen sollte. Und er tat es. Er betete zu Jesus Christus. Und er wurde zuerst am inneren Menschen neu. Die Verbitterung über sein Leben, die Ängste vor der Zukunft, der Hass auf manche Mitmenschen, all das wurde durch die Verbindung mit Jesus überwunden. Alexander Egger wurde im besten Sinn des Wortes frei. Und er wurde dazu – unglaublich – von seiner schweren Krankheit geheilt. Er konnte zuerst das neue Leben kaum fassen.

Alexander Egger bekam nicht die Zusage: „Du wirst gesund werden." Aber er begriff, dass er sich mit seinem ganzen Elend Jesus Christus anvertrauen sollte.

Er erzählte: „Am Anfang habe ich versucht, das „alte" Leben, das ich versäumt habe, nachzuholen. Ziemlich bald habe ich gemerkt, dass mir die Kraft dabei ausgeht, und habe mich dann auf eine wirkliche Beziehung zu Jesus eingelassen. Und das hat mein Leben verändert." Und Alexander Egger fasste den Entschluss: „Wo immer ich die Möglichkeit bekomme, da will ich erzählen, wie mein Leben durch Jesus Christus total geheilt und verändert wurde." Und so erzählt er überall von Jesus Christus und von der Hoffnung, die unter die Haut geht. Bei Gott sind alle willkommen. Es stimmt: Wer zu Jesus Christus kommt, der wird nicht abgewiesen. Im Gegenteil, der wird angenommen und wird ein neuer Mensch.

Mag. Gerhard Krömer ist Pfarrer in Schladming/Österreich.

MARTIN LANDMESSER

Jeder wusste es

Alle wussten, dass ich ein unerwünschtes Kind war

„Ich heiße Dursun. Ich lebe in Aserbaidschan und bin 40 Jahre alt. Mein Name bedeutet übersetzt: ‚Es soll aufhören.' Ich bin das Jüngste meiner sieben Geschwister. Meine Eltern gaben mir diesen Namen in der Hoffnung, dass ich das allerletzte Kind sein möge. Bei uns gibt es solche Traditionen. Ich vergaß niemals, dass ich ein unerwünschtes Kind war, und jeder, der meinen Namen kannte, wusste es auch! Ich konnte weder meine

Eltern noch meine Geschwister lieben. Ich hatte auch große Probleme, mich mit einem anderen Menschen anzufreunden. Schon als Kind waren die Bücher meine einzigen Freunde. Da ich eine russische Schule in der Hauptstadt Baku besuchte, sprach ich fließend Russisch. Ich übersetzte für bekannte russische Verlage Romane und Geschichtsbücher aus der aserbaidschanischen und türkischen Sprache.

Mein Leben machte keinen Sinn mehr

Als ich vor 10 Jahren heiratete, war ich zum ersten Mal in meinem Leben glücklich. Meine Frau war eine Dichterin und der erste Mensch, dem ich mich öffnen konnte. Nur ein halbes Jahr nach unserer Trauung verließ sie mich aber wieder und ging zu ihrem früheren Freund zurück. Das war sehr schmerzhaft für mich. Das Leben hatte keinen Sinn mehr. Ich konnte mich auf nichts konzentrieren. Es begann eine schreckliche Zeit in meinem Leben. Mitte August 2020 verlor ich aufgrund der Corona-Krise meine Anstellung als Übersetzer und musste meine Wohnung räumen. Ich verbrachte die ersten drei Nächte auf der Straße, die vierte Nacht in einer Nervenklinik. Am nächsten Tag wurde ich entlassen. Wieder draußen auf der Straße fragte ich mich, wofür ich noch lebe. Ich beschloss, mich umzubringen. Bei diesem Gedanken fühlte ich mich sogar wohl. Bald würde das ganze Elend vorbei sein. Ich dachte darüber nach, wie ich meinem Leben ein Ende setzen sollte.

Gift kam nicht infrage, weil ich kein Geld hatte. Eine Pistole besaß ich auch nicht. Da fiel mir ein Hochhaus in der Nähe auf und ich dachte mir: „Wenn ich es aufs Dach dieses Gebäudes schaffe, dann kann ich herunterspringen und mein Problem ist gelöst."

„Haben Sie auch beschlossen, Ihr Leben zu beenden?"

„‚Guten Abend! Darf ich Ihnen Gesellschaft leisten?', fragte mich plötzlich jemand, der offensichtlich neben mir stand. ‚Es gibt nichts Gutes an diesem Abend', erwiderte ich empört. ‚Lassen Sie mich einfach in Ruhe!' Der Fremde war hartnäckig und redete weiter: ‚Sie sind traurig. Warum machen Sie sich das Leben für diese vergängliche Welt so schwer. Es lohnt sich nicht!' Ich schaute den Mann zum ersten Mal an und fragte ihn: ‚Haben Sie auch beschlossen, Ihr Leben zu beenden?' Der Fremde sagte: ‚Nein, das überlasse ich meinem Herrn. Er gab mir das Leben und er wird es mir eines Tages nehmen. Bis dahin freue ich mich auf das viel bessere Leben, das auf mich im Himmel wartet.'"

Der „fremde Mann" war ein Diakon einer Gemeinde in Baku. Er lud Dursun zum Abendessen bei ihm zu Hause ein. Das war wohl das erste richtige Essen für Dursun seit einigen Tagen. Ein großer Teller gefüllter Weinblätter war schnell leer. Nach dem Essen setzten beide ihre Unterhaltung fort. Hellwach dank des kräftigen Schwarztees redeten sie zunächst über ihr Leben.

Der Diakon war überrascht, als er erfuhr, dass Dursun aus der kleinen Volksgruppe der Awaren stammte. Die Awaren sind ein kaukasisches Bergvolk. „Erzähl mal über die Person, die du ‚mein Herr' genannt hast", wechselte Dursun plötzlich das Thema. „Glaubst du wirklich, dass er dich in den Himmel bringen wird? Bist du wirklich sicher, dass er dazu die Macht hat und dass er sein Wort hält?" Der Diakon öffnete die aserbaidschanische Bibel und zeigte Dursun die wichtigsten Stellen, in denen Jesus jedem, der an ihn glaubt, ewiges Leben verheißt.

In den nächsten Wochen lernte Dursun weitere einheimische Christen kennen. Jeder von ihnen erzählte ihm über Jesus und über sein eigenes Leben, das Jesus von Grund auf verändert hatte. Dursun studierte mit ihnen die Bibel. Er fand zum Glauben an Jesus Christus als seinen Heiland, der sagt: *„Wer zu mir kommt, den werde ich nicht abweisen."* Dursun, der sein ganzes Leben lang Ablehnung erfahren hatte, war bei Jesus willkommen. Was für ein Glücksgefühl: Ich bin erwünscht!

Martin Landmesser ist Missionsleiter der Evangelischen Karmelmission.

Cornelia Mack

Jesus hat mich nicht abgewiesen

Mit Abweisungen kannte ich mich aus. Als ich ins Gymnasium nach Esslingen kam, begann für mich eine schwierige Zeit. Ich gehörte in meiner Schulklasse eher zu den Außenseitern. Mit Ausgrenzungen und Abweisungen, Mobbing würde man heute sagen, machte ich fast täglich Erfahrungen.

Unsere Klasse war schwierig. So schwierig, dass keine Lehrerin unserer Schule bereit war, als Begleitperson für das Schullandheim mitzukommen. In seiner Not rekrutierte das Sekretariat als weibliche Begleitperson eine Studentin der Pädagogischen Hochschule Esslingen. Und so kam Karin mit. Sie fiel mir sofort wegen ihres „religiösen Getues“ auf. Ich war zwar christlich erzogen worden und konfirmiert. Aber nach der Konfirmation interessierte mich die Kirche immer weniger und ich wollte so wenig wie möglich damit zu tun haben. Andererseits aber war in mir ein tiefes Fragen nach dem Sinn des Lebens aufgebrochen.

Karin übertrieb es meiner Meinung nach allerdings. Schon gleich am zweiten Tag fing sie an, mit meinen Mitschülerinnen über fromme Themen zu reden. Sie schlugen sogar die Bibel miteinander auf. Der Glaube wurde zum Gesprächsthema – auf jeder Wanderung, bei jedem Essen, in den Workshops. Sogar die harten Jungens unserer Klasse fingen an über Gott zu diskutieren.

Ich fand das alles ziemlich lästig und hielt mich fern. Lange schaffte ich es, ihr auszuweichen. Ich vermied alle Begegnungen mit ihr. Passierte es zufällig, dass ich in ihrer Nähe Gesprächsfetzen auffing, suchte ich schnellstmöglich wieder das Weite. Fast bis zum Schluss gelang mir das.

Es war am drittletzten Tag. In unserem Aufenthaltsraum lief „Play Bach", verjazzter Bach – eine Musik, die bei mir zu Hause wegen der Verfremdung verpönt war. Genau deswegen wollte ich das jetzt unbedingt hören. Ich ging ganz bewusst dort hinein. Vorher musste ich den Hof überqueren und sah Karin auf einer Wiese – natürlich im Gespräch mit einer Mitschülerin über den Glauben. Schnellstmöglich machte ich mich aus dem Staub, um in der seltenen Musik zu schwelgen. Aber es kam anders, als ich wollte.

In dieser Stunde begann das Wunder des Wirkens Gottes, das ich so mächtig spürte wie nie zuvor. Eine unsichtbare Macht zog mich gegen meinen Willen wieder aus dem Raum hinaus, in den ich mich doch gerade erst ganz bewusst hineinbegeben hatte. Es war, als nähme mich jemand an der Schulter und führte mich auf die Wiese und setzte mich genau gegenüber von Karin ins Gras. Und dort blieb ich sitzen – ich konnte nicht anders, obwohl ich gar nicht wollte.

Ich hörte dem Gespräch zwischen Karin und meiner Mitschülerin zu – über Glauben und Gebet, über persönliche Beziehung zu Jesus und Wunder im Alltag. Und ich begann zu staunen: Man kann eine persönliche

Beziehung zu Gott haben? Beim Zuhören ergriff mein Herz eine tiefe Sehnsucht danach: Ja, das will ich, ja, ich will Jesus gehören. Danach habe ich doch gesucht, nach diesem persönlichen Gespräch mit Jesus, nach dieser Beziehung zu ihm. Ein Schleier nach dem anderen wurde von meinen Augen gezogen. Ich fühlte mich wie ein Puzzlestück, das sein Gegenüber gefunden hatte. Ich spürte: Dort gehöre ich hin – zu Jesus. Da ist keine Ausgrenzung, keine Abweisung. Im Gegenteil.

Am Abend bat ich Karin, mit mir zu beten. Ich wollte mein Leben Jesus übergeben. Dies tat sie dann auch. Von da an war alles anders. Eine tiefe Freude ergriff mich, ja fast eine Euphorie. Ich explodierte schier vor Begeisterung. Meine Schulkameraden lästerten noch mehr über mich. Über alle weiteren Jahre meiner Schulzeit hinweg war ich die einzige Christin in meiner Klasse und hatte mit Verhöhnung, Verachtung, Verspottung, gewalttätigen Übergriffen und auch mit Verfluchungen zu kämpfen. Es waren harte Jahre, nach denen ich mich nicht zurücksehne.

Bei Jesus habe ich genau das Gegenteil erlebt – bis heute freue ich mich darüber. Karin hat sich am Anfang regelmäßig mit mir getroffen, um mit mir zu beten und Bibel zu lesen. Etwa ein halbes Jahr danach gründete ich einen Schülerbibelkreis und fand so noch andere Christen an unserer Schule. Das war in den verbleibenden Schuljahren sehr tröstlich.

Wo Jesus ins Leben kommt, da beginnt er zu wirken. Und er ergreift Menschen immer mehr, Schicht um

Schicht. Auch ich habe das so erlebt. Ein Jahr später erlebte ich meine sogenannte „kopernikanische Wende". Ich hatte im Schullandheim zwar Jesus mein Leben gegeben, aber immer noch stand ich selber viel mehr im Mittelpunkt meines Tuns und Denkens. Die Sonne, Jesus Christus, musste um meine Welt kreisen. Einige Monate nach meiner Bekehrung bekam ich Kontakt zur „Offensive Junger Christen", eine geistliche Bewegung, die alle meine bisherigen Horizonte überstieg. Ausgrenzung war nie Thema, im Gegenteil: Einladung. Sie suchten das Gespräch mit Atheisten, Revolutionären, Feindseligen und Spöttern.

Dies war eine herausfordernde Zeit – in vielerlei Hinsicht. Immer wieder wurde ich persönlich vor die Frage gestellt, ob mein Leben ganz, auch mit all den inneren Motiven, mit allem Stolz und aller Selbstherrlichkeit, Gott gehört. Ob er ganz über mich verfügen darf. Dies führte mich zu einer noch viel tieferen Hingabe an Christus. Ich legte ihm alles hin, mein ganzes Sein, auch alle bewusste und unbewusste Schuld. Und ich bat ihn, ganz Mittelpunkt meines Lebens zu werden. Das war meine „kopernikanische Wende", sozusagen meine zweite Bekehrung. Von jetzt an war Christus die Sonne und ich der Planet, der um ihn kreiste. Nicht ich habe Christus in meine Welt eingebaut, sondern er darf über mich verfügen. Ich gehöre ihm ganz.

Dieses Erlebnis ist ein markanter biografischer Meilenstein in meinem geistlichen Leben. Dorthin kehre ich immer zurück und lasse mir die Frage stellen: Um was geht es dir? Um dich und deine Ehre oder um Christus und sein Reich, seine Ehre, seinen Willen.

Bei Christus werde ich nicht abgewiesen, damals nicht und heute nicht und auch morgen nicht. Egal, was ich mitbringe an Schuld und Versagen, an Scheitern oder Trauer. Wie gut.

Cornelia Mack arbeitet als Sozialpädagogin in der Beratungsarbeit und therapeutischen Seelsorge.

JÜRGEN METTE

Ich werde keinen hinausstoßen!

Als die Evangelische Kirche in Deutschland, die EKD, anfing, sich um die Flüchtlinge aus Afrika in Seenot zu kümmern und schließlich mit „United4Rescue" ein erstes Schiff raus aufs Mittelmeer schickte, wurde sie von etlichen konservativen Medien kritisiert. Natürlich löst dieses Engagement der EKD die Ursachen der Flucht nicht. Wahrscheinlich ist es so, dass die Schlepperbanden letztlich ihren Profit machen, während die anderen absaufen und die Ärmsten von Camp zu Camp geschickt werden. Immer auf der Suche nach einem trockenen Quartier für die Nacht und immer in der Sorge, den Winter zu überstehen. Tausende von ihren Eltern gewaltsam getrennte Kinder schlagen sich mutterseelenallein durch.

Die EKD wollte wenigstens einen kleinen und bescheidenen Anteil der Verantwortung für dieses Elend übernehmen, aber darüber entstand ein Streit, ob man sich als Kirche nicht schuldig machen würde, wenn sie eine Lebensrettungsmission im Mittelmeer startet – also auf der Oberfläche des größten Unterwasserfriedhofs der Geschichte. Schuldig machen bei der Seenotrettung?

Auf den Gedanken muss man erst mal kommen. Der Vorwurf lautete, dass die kirchlichen Retter das Elend instrumentalisieren würden, um den eigenen blassen Öffentlichkeitsauftritt „aufzuhübschen".

„Man lässt keinen Menschen ertrinken! Basta!", rief Sandra Bils in der Schlusspredigt des Deutschen Evangelischen Kirchentags 2019 Tausenden von Christen zu. Diese Parole klingt mir heute noch im Ohr. Ich habe damals mit Menschen gesprochen, die sich über diese Rettungsaktion geärgert haben und darauf bestanden haben, dass die Kirche sich der verlorenen Seelen annehmen soll, statt sich mit dem internationalen Seerecht anzulegen.

Diese Geschichte ist mir eingefallen, als ich an dem „nicht hinausstoßen" hängen geblieben bin – der Version der Jahreslosung in der Lutherbibel. Viele Menschen, die an seelischen oder körperlichen Mangelerscheinungen leiden, fühlen sich abgehängt, unter die Räder der Bürokratie geraten, als unbrauchbar ausgemusterte Modelle von gestern. Jesus hält dieser Summe der schlechten Nachrichten seine Verheißung entgegen: Ich werde keinen von euch zurückstoßen, wenn euch auch alle verstoßen – die Grenzpolizisten, die Ausländerbehörden, die nur das umsetzen, was rechtens ist. Aber einer muss die Anordnung vollziehen. Der Polizist ganz vorne an der Frontlinie ist oft das letzte Glied der Kette. Und er muss zurückstoßen.

Das Elend auf der Balkanroute schreit zum Himmel und die Ohnmacht mancher europäischer Politiker ist entlarvend. Man hat viel Mühe und Zeit gebraucht, um das Vereinigte Europa aufzubauen. Man hatte an alles gedacht, nur nicht daran, dass der Riese Afrika sich aus dem Staub erhebt und nach Norden zieht und ein wenig von den Lebensmitteln haben möchte, die bei uns in den Abfall wandern, und ein wenig Wärme, ein wenig Licht, ein wenig Schutz. Aber sie gingen alle ins Elend wie Schafe ohne Hirten. Überall wurden sie weggestoßen. Lautlos mitten in der Nacht einfach über die Reling gestoßen, weil der löchrige Kahn völlig überlastet war.

Die Argumente dafür und die Argumente dagegen sind genug ausgetauscht. Früher gab es eine Parole, die meine Mutter uns Kindern hinter die Ohren geschrieben hat: Gerettet sein schafft Rettersinn! Wer einmal auf dem Dorfteich über das Eis geht, abstürzt und, dem Ertrinken nahe, wieder rausgezogen wurde, der wird ein Leben lang helfen, zurückgestoßene Menschen aufzufangen. Darin ist Jesus zum Vorbild geworden. Er hat zu seiner Zeit bestimmt nicht alle Leute mit diesem

Spruch glücklich gemacht. Aber er statuiert ein Prinzip Gottes: Man stößt keine Menschen zurück, vor allen Dingen nicht die, die ihr ärmliches Gespartes den Schleppern übergeben und nur noch die eigenen Kleider auf dem Leib haben. Im Lager Moria auf der Ägäisinsel Lesbos brach im September 2020 ein Großbrand aus. Die 12.000 Bewohner flohen zunächst in Panik in die umliegenden Wälder und schliefen die nächsten Tage unter freiem Himmel. Auf Ersuchen der griechischen Behörden wurde innerhalb weniger Tage ein Notfall-Lager mithilfe von UNHCR errichtet.

Wenn Jesus sagt: Kommt und lernt von mir, dann sollten wir gegen den Trend einen Blick für zurückgewiesene Menschen haben. Es vergeht kaum ein Tag, ohne dass man solche Menschen trifft. Wir können keine Patentlösung anbieten, aber mit dem Jesus-Zitat *„Wer zu mir kommt, den werde ich nicht hinausstoßen!“* allein wird es nicht gelingen. Gottes Möglichkeiten sind ohne Limit: Er stattet uns gern mit der Gabe der Empathie aus, sodass keiner mehr zurückgestoßen werden muss.

Jürgen Mette ist Theologe und leitete viele Jahre die Stiftung Marburger Medien und ist Lehrbeauftragter an der Evangelischen Hochschule Tabor.

Jörg Michel

Die Schönheit der Schöpfung gesehen

„Jesus Christus spricht: Wer zu mir kommt, den werde ich nicht abweisen.“ – Wie sehr kann ich diese Worte unseres Herrn und Heilands doch nachvollziehen. Es sind keine leeren Worte, die in irgendeinem Buch stehen. Wenn Jesus Christus spricht, dass er all jene, die zu ihm kommen, nicht abweisen wird, so steht er treu zu seinem Wort. Das hält er auch, wenn der „Erstkontakt“ nicht zum „Erfolg“ führt. Obgleich ich getauft und konfirmiert wurde, hatte ich keinen Glauben an den Herrn und Erlöser Jesus Christus. Die Möglichkeit eines Gottes wollte ich nicht ausschließen, doch ging ich meinen Weg in einer nicht christlichen Familie und Umgebung. Dieser Weg führte mich bei meiner Entscheidung, studieren zu wollen, zu der atheistischsten aller Naturwissenschaften: der Biologie. Dort regiert allenthalben der reine Materialismus; ein Schöpfer des Himmels und der Erde wird kategorisch ausgeschlossen. Er wird erst gar nicht gesucht. Tatsächlich werden nur Untersuchungen über „zufällige, evolutive Entwicklungen“ angestellt, die eine Möglichkeit des Geschaffenseins gar nicht in ihre Überlegungen einbeziehen wollen. Das ist Kennzeichen einer unwissenschaftlichen Arbeitsweise, mögliche Thesen, Hinweise oder Ergebnisse von vornherein auszuschließen. Doch das erschließt sich leichter im Blick zurück. Ebenso erschloss sich bei dem Studium und später bei den wissenschaftlichen

Arbeiten ein staunenswertes Universum im Kleinen. Bei den Arbeiten und Untersuchungen von Strukturen, die kleiner waren, als sie ein Standard-Mikroskop erkennen kann, kam mir zum Vorschein, dass die untersuchten Zellen von einer Komplexität und auch Schönheit gestaltet waren, die mich staunen ließen. Schönheit liegt zwar im Auge des Betrachters, doch neben dieser Schönheit waren Fragen nach der tatsächlichen Entstehung zellulärer Strukturen genau jene, die mich auf den Weg brachten, über Schöpfung und damit den Schöpfer nachzudenken. Es gibt keine naturwissenschaftliche Erklärung für die Entstehung von Naturgesetzen. Die Entstehung der ersten lebenden Zelle aus unbelebten Bestandteilen bleibt eine zentrale Herausforderung für den Materialismus und (nicht nur) die genetischen Entdeckungen der letzten 70 Jahre harren immer noch einer „überzeugenden evolutionsbiologischen Deutung". Sollte es also doch einem Schöpfer zu verdanken sein, diese staunenswerten Welten entdecken und untersuchen zu dürfen?

Es bedurfte einer tiefen persönlichen Krise, die Jesus Christus nutzte, um mich zu ihm hinwenden zu lassen. Ich hatte anklopfen und hämmern wollen – doch das war gar nicht nötig. Jesus Christus war da – die Quelle endloser Gnade und Barmherzigkeit. Er war da, wie er immer da war, und meine Umkehr hat mich zu ihm gebracht. Das war das nächste Erstaunen, dass unser Herr nur auf uns wartet wie mit offenen Armen neben einem stehend. Nein, er weist nicht ab! Ich fing an, noch weiter zu studieren: diesmal Theologie.

Meine Zeit als Naturwissenschaftler möchte ich nicht missen. Zu schön ist die Schau in Gottes Schöpfung. Auch wenn ich Erfahrungen machen konnte, dass es bekennende Christen in der Wissenschaftler-Gemeinschaft schwer haben. Wenn Wissenschaftler den Glauben an den Schöpfer des Himmels und der Erde bekennen, führt dies sehr häufig dazu, dass deren Kompetenz angezweifelt wird. Auch werden ihnen Möglichkeiten verwehrt, die anderen offenstehen, da es, zumindest unterschwellig, eine Abstoßungsreaktion zu geben scheint, die verdeutlichen will, dass Glaube an Gott und Naturwissenschaft nicht zusammengehen können. Doch nichts wäre falscher als dies! Heute darf ich mit Hebräer 11,3 sagen, dass wir „durch den Glauben erkennen, dass die Welt durch Gottes Wort geschaffen ist, dass alles, was man sieht, aus nichts geworden ist". Mehr noch: Unser Herr und Heiland ist ein gnädiger, barmherziger und fordernder Herr und Gott, der ein sanftes Joch auferlegt (Matthäus 11,30) und der hilft, die Lasten zu tragen (Psalm 68,20).

Ich hatte anklopfen und hämmern wollen – doch das war gar nicht nötig. Jesus Christus war da – die Quelle endloser Gnade und Barmherzigkeit.

Es ist für mich ein großes Geschenk, die Nicht-Abweisung unseres Herrn und Erlösers zu erfahren; zu erleben, dass er immer für mich da ist. Sein großes Wort, „*Wer zu mir kommt, den werde ich nicht abweisen*", ist eingebettet in seine großartige Rede über sich selbst: „Ich bin das Brot des Lebens." Das ist und bleibt er – Quelle allen Lebens, vor der Erschaffung der Welt beim Vater (Johannes 17,5) und Ziel allen Forschens, Denkens und Suchens. Der Gültigkeitsdauer dieser Verheißung ist keine Grenze gesetzt. Die Worte Jesu geben mir den festen Grund, den ich brauche, um in ruhigen wie stürmischen Zeiten des Lebens zu bestehen. „Er hat's gesagt und darauf wagt mein Herz es froh und unverzagt."

Dr. Jörg Michel, Chemnitz, ist Inspektor des Landesverbands Landeskirchlicher Gemeinschaften Sachsen e. V.

CHRISTOPH MORGNER

„Eine große Schande"

Es war in der Blüte meiner Jahre, liegt also schon lange zurück. Ich mochte knapp unter 20 Jahre alt gewesen sein. In einer Gemeinschaftsstunde (so nannte man das damals) in Hildesheim predigte ein sogenannter Laienbruder. Er war also kein Fachtheologe, sondern hatte einen anderen Beruf. Aus seiner Predigt blieb mir nur ein einziger Satz hängen. Der hat mich erschreckt und meinen inneren Widerstand hervorgerufen: „Mein Leben nach meiner Bekehrung war eine große Schande."

Habe ich richtig gehört? Das war doch eine geistliche Bankrotterklärung! Schlimm, dass es mit diesem

Bruder so gekommen ist. Das sollte mir, Christoph Morgner, nicht passieren. Ich hatte doch gelernt, dass es nach der Bekehrung aufwärts geht! Mithilfe des Heiligen Geistes und des eigenen guten Willens bekommt man nach und nach die Sünde in den Griff. Wer glaubt, sündigt weniger, wenn überhaupt. Von „Schande“ keine Spur.

Ich war also sehr optimistisch, was meinen weiteren Glaubensweg betraf. Doch ich bin eines Schlechteren belehrt worden und gebe ehrlich zu: Alles ist anders gekommen. Im Laufe eines langen Lebens musste ich feststellen: Das Wort der Jahreslosung gilt nicht nur für die, die noch vor den Toren des Glaubens stehen, sondern erst recht für mich und für alle, die ihren Lebensweg bewusst mit Jesus gehen. Der Liederdichter Ernst Gottlieb Woltersdorf (1725–1761) schlägt in dieselbe Kerbe: „Wenn ich mich selbst betrachte, so wird mir angst und weh.“ Er hat recht: Liebloses und gedankenloses Reden, ungerechtes Urteilen, Trägheit und vieles andere mehr spielen sich täglich bei mir ab. Mehr als einmal klopfe ich im Gebet an die Tür meines Heilandes und bitte um Vergebung und hoffe, dass er mich nicht hinausstößt. Ich lebe davon, dass er seine Tür auch weiterhin für mich offen hält und ich mit meinen Anliegen und Sünden einen Platz bei ihm habe.

Deshalb ist unsere Jahreslosung nicht nur für die bestimmt, die – wie der berühmte verlorene Sohn (Lukas 15,11ff) – von Gott abgedriftet sind und nun reuig Einlass begehren. Sie gilt auch für alle, die bereits mitten im

Glauben leben und die sich aufreiben an ihren Sünden und Unzulänglichkeiten.

Zum Glück habe ich später viel von Martin Luther (1483–1546) gelernt. Er hat auf einem langen und schmerzlichen Weg begreifen müssen: „Kein Sünder sein wollen" – das führt in geistliche Selbstüberschätzung und in Elend hinein. Luther hat es anders erfahren und das war seine Rettung. So schreibt er im Jahre 1516 an seinen Klosterbruder Georg Spenlein:

> *„Darum, mein lieber Bruder, lerne Christus kennen, und zwar den Gekreuzigten … Hüte dich, je einmal nach solcher Makellosigkeit zu trachten, dass du vor dir selbst … gar kein Sünder mehr sein willst. Denn Christus wohnt nur unter Sündern. Dazu kam er ja vom Himmel … Müssten wir durch unsere eigenen Mühen und Qualen zur Ruhe des Gewissens gelangen – wozu ist er dann gestorben? Darum wirst du nur in ihm, durch die getroste Verzweiflung an dir und deinen Werken, den Frieden finden."*

„Christus wohnt nur unter Sündern." Deshalb ist das Erkennen unserer Sünden und Defizite keine gelegentliche Mängelanzeige, sondern Normalzustand des Christseins.

„Christus wohnt nur unter Sündern." Deshalb ist das Erkennen unserer Sünden und Defizite keine gelegentliche Mängelanzeige, sondern Normalzustand des Christseins. Der Laienprediger in Hildesheim, dessen ehrliches Bekenntnis mich so schockierte, hatte also völlig recht. Und ich habe es im Laufe meines Glaubenslebens nachbuchstabieren müssen. Das hat mir alle Illusionen über mich zerstört. Und das war gut so!

Wer meint, Sünde und Versagen irgendwann hinter sich lassen zu können, gaukelt sich etwas vor. Er hat sein Scheitern noch vor sich. Wie tröstlich, dass die Zusage von Jesus steht: „Wer zu mir kommt – mit welchen Lasten und Sünden auch immer –, den werde ich nicht abweisen, geschweige denn hinausstoßen." Unsere Mängel und Defizite halten Jesus nicht davon ab, zu uns zu stehen und sich zu freuen, wenn wir uns ihm zuwenden. Seine Tür steht uns offen.

Und was wird aus uns, wenn wir eines Tages unser Leben vor Gott zu verantworten haben? Martin Luther wird folgendes Zitat zugeschrieben:

„Mir ist es bisher wegen angeborener Bosheit und Schwachheit
unmöglich gewesen, den Forderungen Gottes zu genügen.
Wenn ich nicht glauben darf, dass Gott mir um Christi willen
dies täglich beweinte Zurückbleiben vergebe, so ist's aus mit mir.
Ich muss verzweifeln.
Aber das lass ich bleiben.
Wie Judas an den Baum hängen, das tu' ich nicht.
Ich hänge mich an den Hals oder Fuß Christi wie die Sünderin.

Ob ich auch noch schlechter bin als diese,
ich halte meinen Herrn fest.
Dann spricht er zum Vater:
Dieses Anhängsel muss auch durch.
Er hat zwar nichts gehalten und alle deine Gebote übertreten.
Vater, aber er hängt sich an mich.
Was will's! Ich starb auch für ihn.
Lass ihn durchschlupfen!
Das soll mein Glaube sein."

Das ist zwar nicht Originalton Martin Luther, gibt aber den Kern seines Glaubens gut wieder. Sein Fazit: offene Tür bei meinem Gott und Heiland bis zuletzt. Er weist mich nicht ab und stößt mich nicht hinaus. Das macht mich getrost und stimmt mich zuversichtlich – aller „Schande" zum Trotz.

Dr. Christoph Morgner, Garbsen, war bis 2009 Präses des Evangelischen Gnadauer Gemeinschaftsverbandes.

Luitgardis Parasie

„Ich fühle eure Liebe nicht"

Eigene Kinder. Davon träumen Oliver und Kirsten. Jahrelang. Aber es klappt nicht. Schließlich bewerben sie sich beim Jugendamt um eine Adoption. Bekommen Besuch, eine Sozialarbeiterin sieht sich ihre Wohnung an, fragt: „Was arbeiten Sie, wie viel verdienen Sie?" Genug, um eine Familie zu ernähren, als Krankenschwester und als Pastor. Sie werden als geeignet befunden und auf die Liste adoptionswilliger Eltern gesetzt. Doch dann tut sich lange gar nichts. Schließlich bringt Oliver sich noch mal telefonisch in Erinnerung. Und auf einmal geht alles ganz schnell.

Drei Tage später. Kirsten kommt gerade vom Reiten zurück. Das Telefon klingelt. Das Jugendamt. „Wir haben hier ein neugeborenes Mädchen, die Mutter ist Alkoholikerin, sie hat kein Interesse an dem Kind, Vater unbekannt." Kirsten ist vollkommen aus der Fassung. Sie kann gar nichts sagen, muss abends erst mal mit Oliver sprechen.

Als Baby erst mal auf Entzug

Die kleine Doreen ist ein FASD-Kind. FASD steht für *Fetal Alcohol Spectrum Disorder*: Das Baby ist durch den Alkoholmissbrauch der Mutter geschädigt. „Doreens Mutter war sogar unter der Geburt betrunken", sagt

Kirsten. Das Neugeborene machte in seinen ersten Lebenstagen erst mal einen Alkoholentzug durch.

Oliver und Kirsten wollen es genauer wissen. Die Ärztin im Krankenhaus klärt sie über FASD auf. Sie beschönigt nichts: „Die Kinder sind oft sehr unruhig. Leiden unter Schlafstörungen. Ihr Orientierungssinn ist schlecht. Es fällt ihnen schwer Gefahren einzuschätzen, sei es im Straßenverkehr oder beim Toben im Wald oder Garten. Viele haben eine verminderte Intelligenz. Aus Fehlern lernen sie langsam, wenn überhaupt. Oft sind sie sehr charmant, aber auch distanzlos." – Puh. Das klingt herausfordernd. Aber das Gespräch schreckt Oliver und Kirsten nicht ab. „Wir wurden immer sicherer: Gott schenkt uns dieses Kind. Er traut uns diese Aufgabe zu. Von Anfang an war da eine große Liebe."

Die ersten Jahre mit Doreen sind hart. Bei der Geburt wiegt sie nur knapp 2000 Gramm, und sie trinkt und isst kaum. Ist irre dünn. „Schon als sie zwei Jahre war, ging ich zur Erziehungsberatung", erzählt Kirsten. „Doreen tat immer genau das Gegenteil von dem, was ich wollte. Sie rannte einfach weg. Sie fasste mit ihrer Hand auf die heiße Herdplatte. Und schnell hatte sie begriffen, wie sehr sie meine Aufmerksamkeit fesseln kann, wenn sie nichts isst." Doreen hat einen starken Willen und unbändig viel Power. „Bei einer Autofahrt trat sie von hinten immer wieder gegen meinen Sitz", erzählt Oliver. „Sie war da noch keine vier. Schließlich habe ich gesagt: Wenn du nicht aufhörst, musst du zu Fuß nach Hause gehen. Das hat sie nur noch mehr angestachelt." Also steigt Kirsten mit Doreen aus. Trotzig und triumphierend läuft die Kleine die ganzen zwei Kilometer.

„Dieses Kind wird nie eine Regelschule besuchen."

Sehr deprimiert ist Kirsten, als ein Kinderpsychiater ihr nach einer Untersuchung prophezeit: „Dieses Kind wird nie eine Regelschule besuchen. Es ist zu stark geschädigt." Doch er soll nicht recht behalten. In einer Integrationsklasse kommt Doreen gut zurecht. Überall findet sie Lehrerinnen und Freunde, die sie unterstützen.

Was die Adoption angeht, haben Kirsten und Oliver von Anfang an mit offenen Karten gespielt. Doreen kennt Nicole, ihre leibliche Mutter, hat sie mit ihren Eltern mehrmals besucht. „Wir reden nie schlecht über Nicole", sagt Kirsten, „aber bei unseren Besuchen wurde es für Doreen ganz offensichtlich, dass Nicole nicht für sie sorgen kann. Sie lebt in einer Obdachlosenunterkunft und trinkt immer noch." Auch zu ihren beiden Halbgeschwistern hat Doreen guten Kontakt, besonders mit der acht Jahre älteren Schwester fühlt sie sich verbunden. „Das tut ihr gut", sagt Kirsten, „es verortet sie in der Welt."

Gott will sie

Als sie sieben Jahre ist, will Doreen getauft werden. Die Pastorin fragt: „Doreen, was bedeutet es für dich, dass du getauft wirst?“ Doreen antwortet: „Dass ich zu Jesus gehöre.“ Damit ist der theologische Teil des Taufgesprächs geklärt. Ihren Taufspruch sagt Doreen auswendig auf, vor der vollen Kirche: „Gott spricht: Fürchte dich nicht, denn ich habe dich erlöst, ich habe dich bei deinem Namen gerufen, du bist mein“ (Jesaja 43,1).

Von der leiblichen Mutter abgelehnt – von Gott aber umso mehr geliebt: *„Wer zu mir kommt, den werde ich nicht abweisen“*, verspricht Jesus. Gott hat Doreen im Blick, von Anfang an. Er will sie. Nimmt sie mit offenen Armen auf. Und er hat liebevolle Eltern für sie gefunden, die seine Liebe widerspiegeln.

In den folgenden Jahren ist es seelisch ein Auf und Ab. „Ich will nicht leben, mich will keiner“, sagt Doreen in dunklen Stunden. Wie viele Adoptivkinder hat sie die erste Ablehnung durch die leiblichen Eltern in ihrer Seele abgespeichert und bezieht dies nun auf andere Menschen. Oliver und Kirsten versichern ihr: „Wir lieben dich.“ Nicht immer kommt das in Doreens Herz an. Sie sagt: „Aber ich fühle das nicht.“ Zwischendurch gibt es Lichtblicke. Mit elf Jahren schreibt sie ihren Eltern in einem Brief: „Es gibt Tage, da geht es mir gut, und es gibt Tage, da geht es mir sehr schlecht. Aber Gott ist da und behütet uns, er ist immer für uns da.“ Kann Gottes Liebe die erste Ablehnung entkräften? Gott wird Doreen nicht verstoßen, dessen ist sie sich sicher.

In der Schule läuft es leidlich. Mit Mathe konnte Doreen sich nie anfreunden, aber sie liest und schreibt gerne und gut. Irgendwann entdecken ihre Eltern, dass sie eine tolle Stimme hat. Im Weihnachtsmusical der Kirchengemeinde singt und spielt sie eine abweisende Wirtin. Wunderbar zickig und überzeugend. Das Publikum amüsiert sich köstlich.

Inzwischen hat sie den Hauptschulabschluss geschafft und macht eine Ausbildung in Hauswirtschaft. Sie ist glücklich. Und für ihre Eltern ein Gottesgeschenk – so wie der Name Doreen es sagt.

Luitgardis Parasie ist Pastorin und Buchautorin in Northeim. Beim NDR arbeitet sie in der Reihe „Zwischentöne“ mit.

ULRICH PARZANY

Jesus am Kreuz – Gott mit ausgebreiteten Armen

Seitdem ich Jesus nachfolge, lade ich andere Menschen zu ihm ein. Ich konnte mir nie vorstellen, Jesus nur für mich selber zu haben. Im Himmel wird für jeden Sünder, der heimkehrt, ein Freudenfest gefeiert. Das hat Jesus gesagt (Lukas 15,7.10). Wenn die Engel im Himmel Party machen, dann mache ich auf der Erde mit.

Unvergesslich sind mir die Sommerlager am Sorpe-See im Sauerland. Hunderte Essener Jungens – bestes Teenager-Alter – genossen turbulente zwölf Tage. Sie campierten in Schützenhallen. Fast jedes Dorf im Sauerland hat einen Schützenverein. Und der hat eine große Schützenhalle, um sein jährliches Schützenfest zu feiern. Diese Hallen wurden in verschiedenen Dörfern jahrelang für zwei Wochen für Jugendcamps genutzt. Fünfzig Jungen in einer Halle. Sehr praktisch für Programm auch bei Regenwetter. Ich kenne die Namen der Dörfer bis heute, in denen wir solche Camps erlebten. Das Programm passte zu den Jungs. Auch die Zeiten mit der Bibel an jedem Tag.

Große Freude haben wir erlebt, wenn Teilnehmer den Entschluss fassten, Jesus zu folgen. Das war schließlich alles andere als selbstverständlich. Vierzehn-, fünfzehn-, sechzehnjährige Jungs und Jesus? Brauchen die den? Interessieren die sich für die Bibel? Die meisten kamen nicht aus christlichen Familien. Aber die Mitarbeiter vermittelten die Einladung: *„Jesus Christus spricht: Wer zu mir kommt, den werde ich nicht abweisen.“* Was bewegte sie dazu? Sie hatten selber erfahren, dass Jesus sein Versprechen hält.

Ich hatte das Vorrecht, in vielen öffentlichen Veranstaltungen das Evangelium von Jesus zu erklären und die Einladung zu überbringen. Die Menschen sollen die Einladung nicht nur hören, sie müssen auch eine Gelegenheit bekommen, sie anzunehmen. Das kann in persönlichen Gesprächen geschehen. Bei proChrist-Abenden haben wir am Schluss zum „Treffpunkt Kreuz“ eingeladen. Natürlich war es eine große Freude, wenn Gäste dieses Angebot annahmen.

Ich habe ein Gebet langsam gebetet und die Gäste eingeladen, jeden Satz als persönliches Gebet nachzusprechen: „Jesus, ich danke dir, dass du mich so sehr liebst. Ich habe deine Einladung gehört. Ich öffne dir mein Leben. Ich bekenne dir meine Sünden und bitte dich um Vergebung. Ich danke dir, dass du am Kreuz für mich gestorben bist und dass du mir alle meine Sünden vergeben hast. Mein ganzes Leben soll von jetzt an dir gehören. Ich will dir vertrauen. Ich will dir folgen. Zeige mir deinen Weg. Du bist mein Herr. Danke, dass du mich angenommen hast. Amen."

Sehr bewegend, so gemeinsam zu beten. Nach dem Amen habe ich das Gebet immer noch mit einem Wort Gottes bestätigt. Manchmal mit diesem Jesus-Wort: „Wer zu mir kommt, den werde ich nicht abweisen." Ich blickte in dankbar strahlende Augen. Manchmal voller Freudentränen.

So weit, so erfreulich. Was aber ist, wenn Menschen gar nicht zu Jesus kommen, sondern weggehen? Wie der reiche und religiöse junge Mann. Er kam zu Jesus, kniete sogar vor ihm nieder und fragte: „Guter Meister, was soll ich tun, damit ich das ewige Leben ererbe?" Besser kann man nicht fragen, oder? Jesus gibt ihm eine klare Antwort und lädt ihn ausdrücklich ein: Komm und folge mir nach! Reaktion: „Er aber wurde unmutig über das Wort und ging traurig davon; denn er hatte viele Güter" (Markus 10,17.22). Sein Reichtum war sein Gott und Sicherheitsgarant. Die Antwort passte ihm nicht.

Aber hören wir nicht heute als Zusammenfassung des Evangeliums immer den Satz „Jesus nimmt uns so an, wie wir sind"? Ja, Jesus wollte den Mann annehmen und von seinem Götzen befreien. Aber der fand, dass sein Vermögen kein Götze, sondern der Garant seiner Sicherheit und Selbstbestimmung war. Ohne das Vermögen kein erfülltes Leben. Dann also lieber ohne Jesus. Und Jesus konnte ihn nicht halten.

Jesus begnadigt die Ehebrecherin, auf die alle Selbstgerechten mit Fingern zeigten. „Wer unter euch ohne Sünde ist, der werfe den ersten Stein auf sie." Und als alle sich weggeschlichen haben, sagt Jesus: „So verdamme ich dich auch nicht; geh hin und sündige hinfort nicht mehr" (Johannes 8,7.11). Jesus beschönigt die Sünde des Ehebruchs nicht, er begnadigt die Sünderin.

Ich höre heute immer wieder: „Gott liebt den Sünder, aber er hasst die Sünde – so kann man das heute nicht mehr sagen." Die Leute fühlen sich nur angenommen, wenn auch ihr Verhalten bestätigt wird. Der Reiche wollte mitsamt seiner Liebe zu seinem Reichtum von Jesus angenommen werden. Da konnte Jesus nicht helfen. Leichter geht ein Kamel durch ein Nadelöhr, sagte Jesus. Heute wollen viele mit ihrer sexuellen Praxis außerhalb der Ehe angenommen werden, sonst fühlen sie sich abgestoßen. Und Ehe ist nach dem Wort Jesu ausdrücklich die lebenslange Treuebeziehung zwischen einem

Der Reiche wollte mitsamt seiner Liebe zu seinem Reichtum von Jesus angenommen werden. Da konnte Jesus nicht helfen. Leichter geht ein Kamel durch ein Nadelöhr, sagte Jesus.

Mann und einer Frau (Matthäus 19,4-6). Jesus stößt niemanden weg. Aber er bestätigt nicht unsere Sünde, er vergibt sie und eröffnet einen neuen Lebensweg: Sündige hinfort nicht mehr!

Wir sollten nie vergessen: Jesus ist auf dem Weg zum Kreuz, als er sagt: „*Wer zu mir kommt, den werde ich nicht abweisen.*" Der gekreuzigte Jesus offenbart die Allmacht der Liebe Gottes. Er trägt das Gericht über unsere Sünde. Gott bestätigt ihn durch die Auferstehung, damit wir Vergebung unserer Sünden empfangen und im Frieden mit Gott leben können. Jesus am Kreuz – das ist Gott mit ausgebreiteten Armen.

Ulrich Parzany, Kassel, ist Pfarrer und Evangelist; bis 2013 war er Leiter von proChrist.

Annegret Puttkammer

„*Systemsprenger*"

Sie heißt Bernadette, aber alle sagen „Benni". Und alle wissen: Sie ist mit Vorsicht zu genießen. Denn von jetzt auf gleich beißt sie, kratzt sie, schlägt sie um sich. Sie ist aggressiv, launisch, völlig unberechenbar. Wenn jemand ihr Gesicht berührt, auch rein zufällig, rastet sie vollkommen aus. Warum sie so reagiert, weiß niemand.

Auch ihre Mutter Bianca nicht. Sie kommt schon lange nicht mehr mit der Tochter klar. Der Vater? Fehlanzeige. Eine Pflegefamilie nimmt Benni auf. Doch lange geht das nicht gut, dann sind auch die Pflegeeltern überfordert. In der nächsten Familie wiederholt sich das, ebenso in der übernächsten. Benni kommt in eine betreute Wohngruppe. Doch auch dort hält man sie mit ihrer Art nicht lange aus. Sie wechselt von einer spezialisierten Einrichtung in die nächste. An geregelten Schulbesuch ist nicht zu denken, und selbst von der Förderschule wird sie dauerhaft suspendiert, weil sogar dort, mit aller pädagogischen Unterstützung, kein Unterricht mit ihr machbar ist. Benni droht durch alle Möglichkeiten der Kinder- und Jugendhilfe hindurchzurutschen. Sie ist erst neun Jahre alt!

Und dabei sehnt sie sich so sehr nach Liebe. Genauer: nach der Liebe ihrer Mutter. Was würde sie nicht alles tun, um wieder bei ihr leben zu können. Doch jeder Besuch endet in einer Katastrophe: mit neuerlichen Gewaltausbrüchen, mit Tritten und Schreien. Der neue Freund ihrer Mutter kann sich nur dadurch helfen, dass er das Kind in einen Schrank sperrt und die Polizei ruft.

In einem verzweifelten Versuch engagiert Frau Bafané, eine erfahrene Mitarbeiterin vom Jugendamt, einen Anti-Aggressions-Trainer. Micha ist Boxer und arbeitet bisher sehr erfolgreich mit straffälligen Jugendlichen. Er schlägt vor, dass er drei Wochen mit dem Mädchen im Wald verbringt. Benni lernt, in einer Waldhütte unter primitiven Bedingungen zu kochen, zu essen, zu schlafen. Sie spürt den Regen, den Wind, die Stille. Abends sitzt sie mit Micha beim Lagerfeuer. Nach und nach taut sie auf. Sie redet. Sie wird ruhiger und zugänglicher. Die Gewaltausbrüche lassen nach. Endlich.

Doch dann sind die drei Wochen um. Und Benni ist am Boden zerstört, als sie erkennt: Micha wird nicht weiter mit ihr zusammenleben. Er hat seine eigene Familie, und Benni kann nicht dazugehören. Sie ist verzweifelt und klammert sich an ihn. Micha bleibt schließlich nur, ihren Fall ganz abzugeben.

Dann scheint sich Bennis Schicksal doch noch zum Guten zu wenden: Ihre Mutter hat sich von ihrem Freund getrennt und will Benni wieder bei sich aufnehmen. Erleichterung macht sich breit, und große Vorfreude bei Benni. Alles ist vorbereitet. Plötzlich macht die Mutter einen Rückzieher. Frau Bafané muss Benni die Nachricht überbringen, dass sie doch im Heim bleiben wird – und erleidet dann einen Nervenzusammenbruch, weil das Schicksal dieses Kindes selbst sie als erfahrene Pädagogin an den Rand ihrer Kräfte bringt. Wohin nun mit Benni? Man versucht es wieder bei einer Pflegemutter. Die betreut noch ein zweites Kind. Bei einem neuerlichen Wutausbruch verletzt Benni dieses Kind schwer. Wohin mit Benni? Eine letzte Möglichkeit wird verabredet: Sie soll zu einem Auslandsaufenthalt, in ein Camp nach Afrika. Aber auf dem Flughafen flüchtet Benni aus dem Sicherheitsbereich.

Hier endet die Geschichte von Benni. Sie ist fiktiv. Erzählt wird sie im Spielfilm „Systemsprenger“ von

Nora Fingscheidt (2019). Der Film und seine Hauptdarstellerin Helena Zengel wurden zu Recht vielfach ausgezeichnet. Bennis Film-Schicksal spiegelt aber eine traurige Realität wider: Es gibt leider so viele Kinder, die von den Eltern abgeschoben, nicht geliebt, nicht umsorgt, teils misshandelt und missbraucht werden. Die nicht die Liebe erhalten, die sie brauchen. Die dann versuchen, diese Liebe mit aller Gewalt zu finden, jedoch mit Mitteln, die nicht ans Ziel führen können, weil sie andere abstoßen. Zerrissen zwischen Sehnsucht und Misstrauen geraten sie in einen Teufelskreis, denn mit ihrem Verhalten zerstören sie sich jede Chance auf Zuwendung. Nach und nach überfordern sie selbst die erfahrensten Pädagogen und Psychologinnen – letztlich alle, die ihnen wohlwollen. Es sind tragische Schicksale, zutiefst berührend und verstörend.

Als ich den Film „Systemsprenger“ sah, hat er mich sehr bewegt. Wie schwer ist die Bürde dieser vernachlässigten Kinder! Wie ohnmächtig stehen wir oft davor! Und wie bemerkenswert ist die Leistung von Pflegeeltern, Psychologinnen, Pädagogen und Hauswirtschaftskräften, die sich mühen, ein wenig von dieser Lebenslast tragen zu helfen, oft über ihre eigene Belastbarkeit hinaus. Dass auch sie an Grenzen stoßen, ist nicht ihnen anzulasten, sondern denen, die die Kinder zuvor so verletzt haben, dass sie nicht anders können.

Gott gegenüber tragen wir große Anteile von „Benni“ in uns. Wir sehnen uns nach Gottes Liebe und bezweifeln sie zugleich.

Aber der Film über Benni ist mir noch aus einem anderen Grund wichtig geworden. Denn er zeichnet für mich im übertragenen Sinn auch ein Bild davon, wie wir Menschen mit Gott umgehen – und er mit uns. Denn Gott gegenüber tragen wir große Anteile von „Benni“ in uns. Wir sehnen uns nach Gottes Liebe und bezweifeln sie zugleich. Wir reißen uns regelmäßig von ihm los. Wir unterstellen ihm dann, mit seinen Geboten wolle er uns nur einengen. Oder wir vermuten, dass ihm alle übrigen Menschen am Herzen liegen, nur wir selbst nicht. Und wie oft wollen wir Belege für seine Liebe, fordern ihn heraus, uns seine Liebe zu beweisen. Und genauso wie Benni kommen wir aus diesem Teufelskreis nicht heraus.

Und Gott? Er lässt uns auch dann nicht los, wenn wir uns von ihm lossagen. Denn anders als die Pflegeeltern im Film gibt er uns nicht auf. Im Gegensatz zu Frau Befané reißen seine Nerven nicht. Anders als Micha entscheidet er sich nicht für andere Menschen. Und er ist nicht wie Bennis Mutter, sondern er hält Wort. Unser Gott erträgt es, wenn wir sein System der Liebe wieder und wieder sprengen wollen – und sprengt seinerseits das System unseres Misstrauens. Er stößt uns nicht weg. Jesus gibt sein Wort darauf: Er wird uns nicht abweisen. Die Tür steht für uns offen.

Annegret Puttkammer ist Direktorin des Neukirchener Erziehungsvereins.

Martin Reppenhagen

Porta Patet – Cor Magis

(Die Tür steht offen – mehr noch das Herz)

Meine Kindheit verbrachte ich mit meiner Schwester und meinen Eltern in einer Vierzimmerwohnung im obersten Geschoss eines Mietshauses in der Stadt. Das Kinderzimmer war am einen Ende eines langen Flurs und das elterliche Schlafzimmer am anderen Ende.

Ich kann mich noch gut erinnern, dass ich in jener Phase, in der Kinder noch nachts aufwachen und die Nähe ihrer Eltern suchen, am Ende dieses langen dunklen Flurs stand und meinte, dass am anderen Ende böse Gestalten auf mich lauern. Jedes Mal rannte ich, so schnell ich konnte, diesen Flur entlang. Kurz bevor mich die dunklen Gestalten packen und in die Finsternis ziehen konnten, entwich ich durch die offene Tür des elterlichen Schlafzimmers. Bald schlief ich im warmen Bett meiner Eltern ein, denn ich war gerettet und in Sicherheit.

Erst später erfuhr ich, dass mein Vater oftmals in mein Bett ging, weil er bei dieser Vollbelegung des Bettes nicht mehr gut schlafen konnte. Mich hinausstoßen oder fortschicken war für ihn keine Option. Da ist er lieber gegangen, nachdem ich selig eingeschlafen war. Außerdem kam es nicht selten vor, dass plötzlich zwei

Kinder, meine Schwester und ich, im Bett der Eltern lagen.

Kinder schickt man nicht weg, auch wenn es für einen selbst Nachteile bringt. Das habe ich mitgenommen und habe auch gelernt, dass es dazu nicht stets einer neuen Entscheidung bedarf, dass es vielmehr eine liebende Selbstverständlichkeit ist.

Als wir später selbst Kinder hatten, pflegten wir selbst die Praxis der offenen Tür. Und diese wurde im entsprechenden Alter von unseren Kindern auch genutzt. Das elterliche Bett war ein sicherer Hort. Mittlerweile sind unsere Kinder ausgezogen. Die offene Tür ist geblieben. Eltern, so lerne ich, haben ein bleibend offenes Herz für ihre Kinder – nicht nur eine offene Schlafzimmertür.

Dazu passt das alte Motto der Zisterzienser: „Porta Patet – Cor Magis" („Die Tür steht offen – mehr noch das Herz"). Dieser Spruch findet sich bis auf den heutigen Tag an vielen Klöstern und Einkehrmöglichkeiten auf Pilgerwegen. Er ist Ausdruck christlicher Gastfreundschaft. Denn hier ist nicht nur ein Bett für die Nacht, sondern auch eine christliche Herzensgemeinschaft zu finden.

Die offene Tür zum elterlichen Schlafzimmer, die mich als Kind vor den üblen Gestalten gerettet hat, und das Motto der Zisterzienser werden mir zum Sinnbild für die Jahreslosung:

„Jesus Christus spricht: Wer zu mir kommt, den werde ich nicht hinausstoßen" (LUT).

Schier unübertroffen wird dies im Gleichnis vom verlorenen Sohn illustriert (Lukas 15,11-32). Da lässt der Vater den Sohn mit seinem ganzen Erbe in die Weite ziehen. Und doch bleibt der Sohn fest im Herzen des Vaters verankert. Der Sohn war wohl verloren, aber im Herzen des Vaters stets lebendig gegenwärtig. Kinder entlässt man nicht aus seinem Herzen! Kinder stößt man nicht hinaus!

Doch damit nicht genug: Als der Sohn mit leeren Händen, innen wie außen als Schwein und damit als komplett unrein, zurückkehrt, überwindet der Vater aus Liebe die damals geltenden Ekelschranken. Dieser angesehene und ehrwürdige Bürger des Landes rafft sein Kleid, rennt los und umarmt das Schwein. Alles hat er durchgebracht. Tiefer hätte er nicht sinken können, bei den Schweinen ist er gelandet und aß wie diese. Da schüttelt es einen vor Entsetzen, angewidert müsste man jeden Kontakt verweigern.

Das Gegenteil geschieht. So heißt es in Lukas 15,24: „Denn dieser mein Sohn war tot und ist wieder lebendig geworden; er war verloren und ist gefunden worden. Und sie fingen an, fröhlich zu sein."

Wie der Vater, so auch der Sohn! Im Studium an der Kirchlichen Hochschule in Wuppertal lernte ich in einer Ethikvorlesung einen wichtigen Grundsatz für die Seelsorge, der mich seither begleitet: „Bedenken Sie, egal wer zu Ihnen kommt, Sie sind der schlimmere Sünder!" Man mag darüber streiten, ob das faktisch stimmt oder nicht. Der Rat hat mir jedenfalls geholfen, mit einer hoffentlich großen Offenheit jedem zu begegnen, der ein seelsorgliches Gespräch bei mir sucht. Und wenn seine Sünde noch so schlimm sein kann, ich habe meine eigene Sünde, meine eigene große Schuld.

Auch hier begegne ich der Aussage Jesu: *„Wer zu mir kommt, den werde ich nicht hinausstoßen."* An Jesus will ich mich orientieren, für meine eigene und für die mir fremde Schuld auf Vergebung hoffen.

Selbst am Ende des Lebens darf die Zusage Jesu stehen. So begegnet mir der Jesus-Spruch auf manchem Friedhof und als Predigttext zum Ewigkeitssonntag, an dem wir der Verstorbenen gedenken. Der Jesus-Spruch wird zum Trostwort auf dem letzten Weg, zum Leitmotiv für die Ewigkeit. Denn der Spruch gilt auch an der Himmelspforte.

So will ich mich an meine Kindheitserfahrungen erinnern, wie mich die offene Tür vor den dunklen Gestalten rettete. Ich will mir das Motto der Zisterzienser vor Augen malen, will mir das überraschte Gesicht des Sohnes vergegenwärtigen, der gerade von seinem ihn liebenden Vater umarmt wird. Und mit diesem Sohn will auch ich sagen „Ich will mich aufmachen und zu meinem Vater gehen" (Lukas 15,18).

Denn seine Türe steht mir offen, mehr noch sein Herz!

Dr. Martin Reppenhagen, Ettlingen, ist Dekan des ev. Kirchenbezirks Karlsruhe-Land.

Ralf Richter

Tanzkurs

Als evangelischer Pfarrer in Peking predigt man in der Botschaft (der Bundesrepublik Deutschland) und parliert auf dem Ball. Dem German Ball, dem Deutschen Ball, der einmal im Jahr den gesellschaftlichen Höhepunkt der deutschen Community in der chinesischen Hauptstadt bildet. Predigen lernt man auf der Hochschule (zumindest die ersten Schritte), Pasodoble und andere Schrittfolgen in der Tanzschule (genau: zumindest die ersten Schritte). Das liegt unter Umständen aber schon ein paar Jahre oder gar Jahrzehnte zurück. Also melden meine Frau und ich uns beim Tanzkurs an, im komfortablen Kempinski an der lebhaften Liangmajiao-Straße, mitten im Botschaftsviertel Pekings. Natürlich kostet das ein bisschen Tanz- bzw. Lehrgeld, sind die Tanzlehrer doch extra aus New York eingeflogen worden. Sie sind nicht nur charmant und schön anzusehen, sondern auch geduldig und gewillt, mit einer Gruppe von 8 willigen Tanzpaaren, die offensichtlich alle in den letzten Jahren keinen Ball besucht und keinen Wiener Walzer gewagt haben, zu trainieren. „Wien" ist rein zufällig auch zugleich das Thema des Balls, was dann nicht nur für Walzerklänge, sondern auch für Wiener Back- und Kochkultur steht. Ja, man muss auf einem Pekinger Ball auch nicht tanzen, so viel wissen wir schon, man (und frau) kann sich auch ganz auf kulinarische und eisgekühlte Genüsse verlegen. Meine Frau und ich aber wollen tanzen. Und nehmen gern am 4-wöchigen Tanzkurs teil. Mit dabei ein österreichischer Kulturattaché nebst Gattin, zwei deutsch-chinesische Paare (mit gewaltigen Größenunterschieden), zwei Herren und Damen aus der Automobilbranche (wahrscheinlich aus einer Abteilung) und zwei weitere, an die ich mich nicht mehr näher erinnern kann. Verständlicherweise: Denn beim Tanzen, zumal eingerostet, blickst du weitaus mehr auf die eigenen Füße als auf die Gesichter deiner Gegenüber. Unsere beiden Tanzlehrer sind Vollprofis und regen schließlich an, nicht immer nur mit der eigenen Gattin das Tanzbein zu schwingen (wahrscheinlich wollen sie Ehen retten), sondern auch einmal beim Nachbarn bzw. Nachbarin im Tanzkreis um den nächsten Tanz zu bitten. Und da geschieht es dann: Der Flashback, der Blick zurück zu den ersten unbeholfenen Tanzschritten. 40 Jahre ist das her, kurz nach der Konfirmation, als sich eine ganze Reihe Klassenkameraden und -kameradinnen zum Tanzkurs anmeldeten. Natürlich nicht nur des Tanzens wegen. Da standest du nun, hölzern und höchst schüchtern. Zwei, drei Schritte hattest du gelernt am ersten Nachmittag. Wie Entenküken waren wir hinter der Entenmutter, sprich der Tanzlehrerin, hergewatschelt. Woche für Woche das gleiche Bild: mehr oder weniger lernfähig, geschweige denn leichtfüßig, Tempo und Takt nur selten im Einklang. Und dann urplötzlich: „Damenwahl", oder besser noch „Herrenwahl". Da war er doch, der magische Moment, der entscheidende Augenblick. Dafür hatte man(n) doch all die Opfer, diese Tanz-Tortur, überhaupt auf sich genommen: Jetzt hieß es, der heimlichen Liebe den Hof zu machen. Herzrasen pur. Aber wie jäh der Absturz, wenn ein anderer schneller, zielstrebiger und sicherer seinen Weg einschlug, man in letzter Sekunde noch die 2. oder gar 3. Wahl ansteuern musste, und wie entsetzlich und entwürdigend, wenn selbst diese junge Dame ihren Kopf wegdrehte und dir entschieden zu verstehen gab, dass sie – selbst wenn man der letzte Vertreter des Männergeschlechts auf Erden wäre – niemals deiner Bitte um einen Tanz nachkommen würde.

Zum Glück bin ich jetzt über 30 Jahre glücklich verheiratet, habe nicht nur an einem, sondern an zwei Tanzkursen in Peking teilgenommen und in meiner Ehefrau immer eine willige, um nicht zu sagen würdige Tanzpartnerin gefunden. Und ich selbst: Ich kann mich ganz ehrlich (ehrlich!) nicht daran erinnern, einmal einem Mädchen einen Korb gegeben zu haben. So sagt man doch, beschönigend, wenn man einem jungen Mädchen oder einem jungen Mann vielleicht sogar das Herz bricht. Manch einer hat dann gleich den ganzen Kurs abgebrochen.

Wenn es von Jesus heißt, dass er niemanden abweist, also keinem einen Korb gibt, dann darf man Jesus ja durchaus einmal mit einem Tänzer vergleichen. Und meinen Glauben mit einem Tanz. Die Parallelen sind

Wer führt? Wer folgt wem? Wer gibt den Takt an?

auffällig: Wer führt? Wer folgt wem? Wer gibt den Takt an? Beim Tanzen, ganz „old school", führt der Mann. Auch das ist mir in Peking wieder bewusst geworden, spätestens wenn meine Frau meine Führung anmahnte – „du führst". Führe ich wirklich und weiß ich, was es heißt, geführt zu werden? Von Jesus geführt zu werden? Vielleicht ist der Glaube ja wirklich ein Tanz: Alles beginnt wie damals mit Herzrasen, mit feuchten Händen und der hilflosen Unsicherheit, ob Gott mich wirklich liebt. Und unbändige unbeschreibliche Freude erfüllt einen, wenn Gottes Ja vom Hören ins Herz hindurchdringt: Ja, komm und tanz mit mir, deinem Heiland und Herzenskönig. Klingt das komisch? Vielleicht. Vielleicht aber auch nicht, wenn wir kurz innehalten (ein, zwei Taktschläge) und uns erinnern, dass laute Tanzmusik (!) die Heimkehr des sogenannten „verlorenen Sohnes" begleitete.

Pfarrer Ralf Richter, Walsrode, ist Leiter des GRZ Krelingen.

Martin Scheuermann

Hoffnungshäuser in Schwäbisch Gmünd

Am 7. März 2014 feierte Pfarrer Hartmut Hühnerbein seinen 65. Geburtstag und wurde vom CJD (Christliches Jugenddorfwerk Deutschlands) als geschäftsführender Vorstand feierlich in den Ruhestand verabschiedet. Der Tag startete mit einem Gottesdienst in der Französischen Friedrichstadtkirche am Gendarmenmarkt in Berlin. Dort traf ich Tobias Merckle. Ich fragte ihn ganz persönlich: „Was hat Jesus dir aufs Herz gelegt?" Tobias antwortete: „Die vielen Geflüchteten. Ihre Not. Sie brauchen Hilfe und Hoffnung." Er berichtete mir von seiner Vision, Hoffnungshäuser zu eröffnen. Nach seinem Konzept sollten in diesen Hoffnungshäusern zur Hälfte Geflüchtete und zur anderen Hälfte Einheimische gemeinsam wohnen. So kann Integration gelingen. Tobias Merckle erzählte mir, dass er auf der Suche nach geeigneten Standorten für seine Vision sei. Spontan meinte ich: „Komm nach Schwäbisch Gmünd. Dort gibt es ein Anwesen, das passen könnte."

Ein paar Wochen zuvor zeigte mir unser Oberbürgermeister Richard Arnold einen katholischen Campus, genannt St. Bernhard. Auf diesem Gelände, am Fuße des wunderbaren Taubentalwaldes und doch nahe am Bahnhof und der mittelalterlichen Altstadt gelegen, befanden sich mehrere Gebäude, die schon seit über zehn

Jahren nicht mehr genutzt wurden. Früher wurde St. Bernhard als Internat und katholisches Freizeitheim betrieben. Aber die Pallottiner, eine katholische Gemeinschaft, sahen als Eigentümer keine Möglichkeit, St. Bernhard weiterzuführen. Nun meinte unser OB, dass unser christliches Gästezentrum Schönblick doch sicherlich dieses Gelände für seine Arbeit brauchen könne. Ich konnte mir dies allerdings überhaupt nicht vorstellen.

Jetzt aber lud ich Tobias Merckle ein, sich St. Bernhard näher anzuschauen und zu prüfen, ob hier sein Konzept der Hoffnungshäuser verwirklicht werden könnte. Eine Woche später kam Tobias mit einem kleinen Team. Nach der Besichtigung sagte er sofort: „Das kaufe ich."

Seit Herbst 2020 gibt es nun die vier Hoffnungshäuser mit 24 Wohnungen in Schwäbisch Gmünd. Nachdem die alten Gebäude abgerissen wurden, entstanden wunderschöne Neubauten mit gemeinsamem Innenhof. Dort leben insgesamt 80 Personen: Familien, Einzelpersonen, Wohngemeinschaften, ganz gemischt, je zur Hälfte Geflüchtete und Einheimische. Das Gesamtprojekt umfasst darüber hinaus auch 21 barrierefreie Wohnungen mit 30 Personen, meist für ältere Bewohner, und einen Waldkindergarten.

In den Hoffnungshäusern leben Menschen mit und ohne Fluchterfahrung gemeinsam unter einem Dach. Inzwischen gibt es Hoffnungshäuser in Leonberg, Esslingen, Konstanz, Bad Liebenzell, Sinsheim, Straubenhardt, Calw und Schwäbisch Gmünd. Ziel der Hoffnungshäuser ist es, Geflüchteten den Start in ein selbstständiges und selbstbestimmtes Leben in ihrer neuen Heimat zu ermöglichen. Ein Hoffnungshaus wird von einer professionellen Leitung koordiniert und das Zusammenleben von allen Bewohnern gemeinsam gestaltet. Je nach Standort und Ressourcen kann es zusätzlich begleitende Angebote für Sozialarbeit, Sprachbildung und Arbeitsmarktintegration geben, wie zum Beispiel Sprachkurse oder Nähkurse, und gemeinschaftsstiftende Aktionen.

Tobias Merckle handelt aus seinem christlichen Glauben heraus. Es ist ihm wichtig, dass wir Christen im Sinne von Jesus Christus handeln und so Glaube konkret wird. Jesus Christus spricht: *„Wer zu mir kommt, den werde ich nicht abweisen.“* Dies gilt auch für die zu uns nach Deutschland Geflüchteten.

Die Bibel fordert schon im Alten Testament dazu auf, den Fremdling aufzunehmen. In 3. Mose 19,33-34 ist zu lesen: „Wenn bei dir ein Fremder in eurem Land lebt, sollt ihr ihn nicht unterdrücken. Der Fremde, der sich bei euch aufhält, soll euch wie ein Einheimischer gelten und du sollst ihn lieben wie dich selbst; denn ihr seid selbst Fremde in Ägypten gewesen. Ich bin der HERR, euer Gott.“ (EIN)

In Matthäus 25,35ff. erzählt Jesus vom Kommen des Weltgerichts und sagt: „Ich bin hungrig gewesen und ihr habt mir zu essen gegeben. Ich bin durstig gewesen und ihr habt mir zu trinken gegeben. Ich bin ein Fremder gewesen und ihr habt mich aufgenommen. … Dann werden ihm die Gerechten antworten und sagen: Herr, wann haben wir dich hungrig gesehen und haben dir zu essen gegeben? Oder durstig und haben dir zu trinken gegeben? Wann haben wir dich als Fremden gesehen und haben dich aufgenommen? … Wahrlich, ich sage euch: Was ihr getan habt einem von diesen meinen geringsten Brüdern, das habt ihr mir getan." Wer also Fremde bei sich aufnimmt, lädt auch Jesus zu sich ein.

Es ist so wichtig, dass wir allen Menschen unsere christliche Nächstenliebe schenken. Niemand darf verachtet werden. Jeder Mensch ist ein Geschöpf Gottes. Daher kommt seine unantastbare Würde. Unseren Wohlstand gilt es zu teilen. Teilen ist Leben.

Martin Scheuermann ist theologischer Leiter und Direktor des Christlichen Gästezentrums Schönblick in Schwäbisch Gmünd.

Reinhardt Schink

Von „geistlichen Naturgesetzen“ und einem verlorenen iPhone

Es war im Dezember 2017. Wir kamen vom Schlittenfahren ans geparkte Auto zurück und da bemerkte ich die Katastrophe. Ich hatte mein iPhone verloren, das ich erst vor ein paar Tagen erhalten hatte. Gebraucht zwar, aber immerhin, es war mein erstes eigenes iPhone. Und ja: Ich war ein bisschen stolz darauf, schließlich wies der Schwabe in mir darauf hin, dass das gute Teil ja auch nicht billig gewesen sei. Und nun war es weg. Irgendwo beim Schlittenfahren verloren. Also nötigte ich meine Familie dazu, die ganze lange Schlittenstrecke abzusuchen, obwohl es inzwischen dunkel geworden war. Wenig überraschend: Wir fanden es natürlich nicht. Frustriert fuhr ich heim und machte mich daran, ein neues zu kaufen. Das Ganze ereignete sich in einer ohnehin emotional anstrengenden Lebensphase und brachte mich zum Beten. Ich weiß nicht mehr, was genau ich gebetet hatte. Jedenfalls staunte ich nicht schlecht, als einige Wochen später das Telefon bei mir klingelte und mir jemand mitteilte, er hätte mein iPhone gefunden. Ein ehrlicher Finder? Erstaunlich! Aber richtig unglaublich wurde die Sache, als ich das iPhone in Händen hielt: Es war völlig unbeschädigt, voll funktionsfähig und ohne einen Kratzer. Und das, obwohl es längere Zeit im

Schnee gelegen hatte, mittlerweile wohl Tauwasser darübergelaufen war und ich erwartet hätte, dass andere Schlitten oder auch ein Schneepflug darübergefahren wären. Aber nichts von dem allen war geschehen! Nur meine Visitenkarte im Umschlag war wegen des Tauwassers kaum mehr lesbar. Alles andere war bestens. Ich kann mir bis heute nicht erklären, wie sich dies zugetragen haben mag. Für mich ist es nach wie vor eine Gebetserhörung – und ja, auch ein Wunder.

Da ich mir in der Zwischenzeit schon ein Ersatzgerät gekauft hatte, ist meine Frau Mirjam seit diesem überraschenden Erlebnis nun auch stolze Besitzerin eines iPhones. Nie wollte sie ein Handy (und schon gar kein iPhone), aber nun hat sie eins und nutzt es eifrig. Es erleichtert unsere Kommunikation und ist aus unserem Alltag kaum mehr wegzudenken. Aber wichtiger als all dies ist: Wann immer ich dieses iPhone sehe, werde ich an Gottes Treue und an *seine* Fürsorge erinnert. *Er* kümmert sich, *er* greift ein – manchmal sogar mit einem Wunder. Aber das größte Wunder ist: Ich liege *ihm* am Herzen. *Er* ist verlässlich und *er* steht zu seinem Wort. Dies ist der entscheidende Punkt hinter dem Erlebnis mit dem verlorenen iPhone: Es wurde für mich zu einem sichtbaren Zeichen seiner liebevoll geöffneten Vaterarme: *„Wer zu mir kommt, den werde ich nicht abweisen.“* Dies gilt nicht nur für den Beginn unserer Beziehung, sondern es gilt jeden Tag. Mehr noch, es gilt in jedem einzelnen Moment: Das Herz meines himmlischen Vaters ist ebenso offen wie seine Arme.

Mit all seiner göttlichen Annahme, Fürsorge und Wertschätzung, die weit über alle Ausdrucksformen unserer menschlichen Liebe hinausgehen. Unglaublich, unfassbar und doch wahr.

Auch wenn dieses iPhone mittlerweile in die Jahre gekommen und schon lange nicht mehr State-of-the-Art ist, die Zusage von Jesus Christus ist so aktuell wie eh und je. Klar, ein iPhone bekommt über die Jahre Gebrauchsspuren. Das ist der Gang der Zeit. Trotz mehrfacher Updates wird es irgendwann veraltet sein. Das lässt sich nicht vermeiden. Und ob es mir passt oder nicht, der Zeitpunkt nähert sich unaufhaltsam, an dem es schließlich nicht mehr zu gebrauchen sein wird.

Demgegenüber ist auf Gottes Wort allezeit Verlass. Es veraltet nicht. Je länger ich Gottes Wort lese, desto mehr wächst es mir ans Herz. Je mehr ich mit ihm erlebe, desto mehr vertraue ich ihm. Je tiefer ich sein Wort verstehe, desto wertvoller wird es mir. Je mehr es mich durchdringt, desto mehr erkenne ich das Vaterherz Gottes.

Himmel und Erde werden vergehen, aber das Wort Gottes bleibt bestehen. Es braucht keine Aktualisierung. Das einzige Update, das notwendig ist, betrifft mich. Ich will mich immer wieder daran erinnern lassen, dass Gottes Zusage Bestand hat: „*Wer zu mir kommt, den werde ich nicht abweisen.*“ Durch alle Zeit und Ewigkeit hindurch, sein Wort ist wahr und was *er* zusagt, das hält *er* gewiss.

„*Wer zu mir kommt, den werde ich nicht abweisen*“ – dies

ist eine Zusage, die nur *eine* Bedingung enthält: Zu kommen. Zu Beginn des gemeinsamen Weges mit Jesus und dann immer wieder. Und jeweils aufs Neue erleben wir, *er* empfängt uns mit offenen Armen und seiner Fürsorge, denn *er* hat es versprochen. Jesus formuliert ein „geistliches Naturgesetz“: Wer zu IHM kommt, den wird *er* nicht hinausstoßen. Dies ist wie bei den beiden entgegensetzten Polen eines Magneten. Sie ziehen sich gegenseitig an. Immer und überall. Wer diese Pole zusammenbringt, wird erleben, dass sie sich anziehen.

Das einzige Update, das notwendig ist, betrifft mich. Ich will mich immer wieder daran erinnern lassen, dass Gottes Zusage Bestand hat.

Oder das Gesetz der Schwerkraft: Wenn ein Gegenstand losgelassen wird, wird er von der Schwerkraft zum Mittelpunkt der Erde gezogen. Das gilt egal an welchem Punkt auf dieser Erde und zu welchem Zeitpunkt. Oder etwas genauer formuliert: Massenkörper ziehen sich gegenseitig an, wobei die Anziehungskraft umgekehrt proportional zum Quadrat der Entfernung ist. Dieses Newton'sche Gravitationsgesetz gilt unabhängig davon, ob ich es verstehe oder nicht. Es gilt, egal, ob es mir passt oder nicht. Die Schwerkraft wirkt – es geht nicht anders. Jeder Massepunkt wirkt auf jeden anderen Massepunkt mit einer anziehenden Gravitationskraft ein. Naturgesetze heißen Naturgesetze, weil sie gelten und wirksam sind. Ebenso universal und absolut gilt dieses geistliche Naturgesetz von Jesus: Er wird niemanden hinausstoßen, der zu *ihm*, zum Mittelpunkt des Universums, kommt. Das gilt ebenso sicher wie jedes physikalische Naturgesetz.

Als Jesus diese universal gültige Zusage aussprach, erlebte er von seinen Zeitgenossen viele negative Reaktionen (vgl. Johannes 6,41). Angesichts des Mangels an positiven Reaktionen auf seine Predigt bekräftigt Jesus, dass alle, die der Vater ihm gegeben hat, zu ihm kommen werden und bei ihm bleiben dürfen. „*Wer zu mir kommt, den werde ich nicht abweisen.*" Jesus verwendet im Urtext eine starke doppelte Verneinung, um seinen Nachfolgern eine starke Zusicherung und Sicherheit zu geben. Es ist eben ein geistliches Naturgesetz, das gilt und auf das ich mich verlassen darf.

Ich habe den kindlichen Glauben, dass diese Zusicherung von damals auch für mich heute gilt. Und so nehme ich mit einer großen inneren Gelassenheit das iPhone meiner Frau zur Hand und lasse mich gerne an Gottes souveränes Handeln erinnern. An seine Treue und Fürsorge. Ich schaue auf dieses mittlerweile antiquierte Gerät und denke an meinen himmlischen Vater, der up to date ist. Seine Arme sind noch immer offen und einladend, denn *er* steht zu seinem Wort.

Dr. Reinhardt Schink ist Generalsekretär der Evangelischen Allianz in Deutschland.

Hartmut Schmid

Jesus – oder nur seine Gaben?

Zwei Fragen beschäftigen mich persönlich im Zusammenhang mit dieser Jahreslosung.

1. Jesus – oder seine Gaben?

Jesus hat mit wenigen Broten und Fischen fünftausend Menschen satt gemacht. Die Reaktion der Menschen, die dies erlebt haben, ist verständlich. Sie wollen Jesus zum König machen. Dann wäre ausgesorgt, mindestens im Blick auf die Ernährung. Jesus zieht sich zurück, aber das Volk sucht ihn. Es muss zu einem Klärungsprozess kommen und dazu braucht es Zeit. Das entscheidende Wort von Jesus zur Klärung lautet: „Ihr sucht mich nicht, weil ihr Zeichen gesehen habt, sondern weil ihr von dem Brot gegessen habt und satt geworden seid“ (Johannes 6,26). Was ist die Bedeutung von „Zeichen“, ein Begriff, der vor allem im Johannesevangelium öfters vorkommt? Ein Zeichen ist eine besondere Handlung von Jesus, ein Wunder. Aber das Zeichen weist über sich selbst hinaus. Wer beim Wunder stehen bleibt, greift zu kurz. Dies war nach dem Wunder der Brot- und Fischvermehrung bei vielen der Fall. Sie sahen nur das Wunder und wollten verständlicherweise die ständige Wiederholung dieses Wunders. Sie erkannten das Wunder nicht als Zeichen, das auf Jesus verweist. Was will aber das Zeichen? Es will auf die Person Jesus verweisen. Dies macht Jesus in seiner Rede ganz deutlich. Das Zeichen möchte zum Glauben an Jesus führen und nicht beim Wunder stehen bleiben. Das Zeichen möchte zur Erkenntnis führen, dass Jesus das Brot des Lebens ist. Und so lädt Jesus ein: „Ich bin das Brot des Lebens. Wer zu mir kommt, den wird nicht hungern; und wer an mich glaubt, den wird nimmermehr dürsten“ (Johannes 6,35).

Die Frage stellt sich ganz konkret an mich: Suche ich Jesus oder seine Gaben? Will ich persönlich das Wunder oder erkenne ich das Zeichen, das mich über das Wunder hinaus an Jesus verweist? Wenn ich ehrlich bin, ertappe ich mich immer wieder dabei, dass es mir in ganz konkreten Lebenssituationen mehr um das Wunder als um Jesus geht. Keine Frage, dass Jesus bis heute Wunder tun kann und tut. Keine Frage, dass ich Wunder erlebe. Aber was suche ich zuerst? Die Gemeinschaft mit der Person Jesus Christus oder vor allem seine wunderbare Hilfe nach meinen Wünschen und Gebeten? Wenn es aber zuerst um ihn geht, dann ist die Gemeinschaft stabil, auch wenn er die von mir erhofften Wunder nicht tut. Wenn es zuerst um ihn geht, dann werde ich es aushalten, wenn er sich zurückzieht, um in der Stille mit mir zu reden und mir zu zeigen, dass es letztlich immer um ihn geht. Deshalb heißt es: „*Wer zu mir kommt …*“!

2. Wer darf zu ihm kommen und wer bestimmt das?

In den Kreisen, in denen ich geistlich zu Hause bin und die mich geprägt haben, steht das Thema Mission und Evangelisation außer Frage ganz oben. Das Wollen ist unbestritten. Es stellt sich jedoch die Frage, ob und inwiefern nicht ganz oft Maßstäbe angelegt werden, wer denn zu Jesus kommen kann und wer nicht? Wer passt in mein Raster und wer nicht? Tut man sich nicht sehr häufig mit Menschen schwer, die eine andere oder gar keine Glaubensgeschichte haben und damit auch ganz verquere Glaubensansichten – im Vergleich mit unserer Ansicht? Tut man sich nicht mit Menschen schwer, die im Blick auf ihren Lebenswandel und damit in ethischen Fragen gar nicht zum christlichen Wertekanon passen? Ich habe dies oft bei anderen Christen festgestellt und kam zu dem Ergebnis: Mit dem, was man eigentlich und ganz aufrichtig und ganz grundsätzlich will, steht man sich letztlich in der praktischen Umsetzung mindestens in Bezug auf gewisse Personenkreise selbst im Wege. Was ich bei anderen beobachtet habe, lässt mich im Blick auf mich die selbstkritische Frage stellen: Ist es bei mir auch so? Stehe ich Menschen im Wege, die zu Jesus kommen wollen? Scheitern sie an meiner Vorstellung, wie „zu Jesus kommen“ aussehen muss?

Stehe ich Menschen im Wege, die zu Jesus kommen wollen? Scheitern sie an meiner Vorstellung, wie „zu Jesus kommen“ aussehen muss?

Hinzu fügt sich eine weitere Erfahrung. Außenstehende und mit kirchlichen Gruppen nicht eng verbundene Menschen haben ein feines Gespür dafür, ob sie willkommen sind oder nicht. Häufig spielt hier die nonverbale Sprache eine wichtigere Rolle als alle Bekenntnisse zum missionarischen Auftrag.

„*Wer zu mir kommt …*", sagt Jesus. Darf wirklich jeder kommen? Darf für mich jeder kommen? Welche Barrieren richte ich auf, dass nicht jeder kommen kann?

Für mich ist Jesus Vorbild und Maßstab: „*Wer zu mir kommt …*"!

Die Ehebrecherin durfte zu Jesus kommen. Die Frau von Samaria durfte zu Jesus kommen – eine Frau, die schon mehrere Männer gehabt hatte. Der Pharisäer Nikodemus durfte zu Jesus kommen. Die Eltern mit ihren kleinen Kindern durften zu Jesus kommen. Der Terrorist, der mit Jesus gekreuzigt wurde, durfte zu Jesus kommen. Und viele andere auch.

Mit dieser Jahreslosung verbindet sich eine doppelte Bitte und Gebet:

- dass wir Jesus suchen und nicht nur seine Gaben und
- dass wir ganz offen sind für Menschen, die zu Jesus kommen wollen und ihnen nicht im Wege stehen mit unseren Vorstellungen und Forderungen.

Dr. Hartmut Schmid ist Pfarrer und Vorsitzender des Liebenzeller Gemeinschaftsverbandes

THEO SCHNEIDER

„Hier wird niemand abgewiesen!"

Es liegt schon einige Jahre zurück. Meine Frau und ich waren wieder einmal zum Wandern unterwegs. Diesmal ging es von Bozen nach Oberstdorf. In 10–12 Tagen kann man dies auf dem Fernwanderweg E 5 gut schaffen, vorausgesetzt, dass man nicht angesichts eines Schlechtwettereinbruchs (unter Umständen mit Schnee auf den Höhen) zwischendurch ein oder zwei Tage pausieren muss. So eine Wanderung strengt an; man stöhnt und sehnt sich gelegentlich nach Pausen. Man muss sich aber wieder deutlich machen: Wir machen das freiwillig! Niemand zwingt uns dazu. Und zugleich: Der Kopf wird frei; die Probleme des Alltags treten zurück; auf den oft einsamen Wegen kann man über manches nachdenken, ja auch beten. „Und unterwegs wirst du ein anderer Mensch", so kann man es mit einem Buchtitel von Reinhard Deichgräber sagen. Und wenn man sich am Abend oben am Berg in einer Hütte oder unten im Tal in einem Gasthof stärkt, manchmal auch im Kreis von anderen Wanderern, dann sind die Strapazen schnell vergessen. Und auf solchen Wanderungen macht man auch schöne, einprägsame Erfahrungen.

Wir waren schon einige Tage unterwegs und näherten uns jetzt einer besonderen Herausforderung: Über das Timmelsjoch waren wir nach Österreich ins Ötztal gekommen und jetzt ging es um den Übergang vom Ötztal in das Pitztal, über das Pitztaljöcherl, mit 2996 m der höchste Punkt des Fernwanderweges. Wir starteten am Morgen vom Gasthof Gaistalalm oberhalb von Zwieselstein. Das Wetter war gut: Sommer, Sonne und weite Sicht. Nach einigen Stunden waren wir oben auf dem Jöcherl. Im weiten Rund die Dreitausender-Gipfel, dazwischen die riesigen Gletscher. Fast automatisch fingen wir an zu singen: „Du großer Gott, wenn ich die Welt betrachte …" Doch dann ging es hinunter zur Braunschweiger Hütte; nach gut einer Stunde hatten wir sie erreicht. Sie war unser Tagesziel.

Die Hütte liegt unterhalb des Jöcherl auf 2759 m, schon im Pitztal, auf einer Felsenerhebung, umgeben von Gletschern. Das Haus ist eine Schutzhütte des Deutschen Alpenvereins mit ca. 170 Betten- und Matrazenlagern. Wir merkten es gleich, als wir der Hütte näher kamen: Hier war einiges los; Gruppen von Wanderern und Bergsteigern, unterschiedliche Sprachen und Dialekte. Klar: das schöne, beständige Wetter … Als wir uns in der Hütte anmeldeten, um eine Brotzeit zu bestellen und uns einen Schlafplatz zuweisen zu lassen, wurden wir herzlich willkommen geheißen, doch die Info war im Blick auf die Übernachtung eindeutig: „Alles klar, ihr müsst noch warten. Denn wir haben angesichts der vielen Wanderer noch keinen genauen Überblick, wie wir die Einteilung vornehmen. Aber es wird schon werden. Hier wird niemand abgewiesen."

Die nächsten Stunden hielten wir uns draußen vor der Hütte auf, entspannt sitzend oder liegend, entdeckten immer wieder neue Details in dieser gewaltigen, großartigen Landschaft; zwischendurch haben wir auch ein wenig die Augen zugemacht und den versäumten Mittagsschlaf nachgeholt. Manche Wanderer machten sich an den Abstieg, hinunter ins Tal. Es wurde langsam ruhiger in und bei der Hütte. Mit der Zeit war auch zu merken, dass die Sonne die Kraft verlor; es wurde kühl. Irgendwann stand der Weg in die Hütte an. Denn in so einer Höhe kann es sehr, sehr kalt werden. Und im Hochgebirge ist die Gefahr eines Gewitters nicht zu unterschätzen! Aber es galt ja: „Hier wird niemand abgewiesen." Das Haus ist eine Schutzhütte. Deshalb ist die Tür offen.

Ich erinnerte mich, dass mir andere Wanderer davon erzählten, wie sie auf Berghütten schon auf der Bank in der Gaststube geschlafen haben; im Schlafsack im Flur oder in einer Ecke des Skilagers. – In der Braunschweiger Hütte, so hatten wir gesehen, gab es eine Kapelle, einen Andachtsraum. Vielleicht würden wir dann dort unseren Platz bekommen. Denn wie hatte die Hüttenwirtin gesagt: „Hier wird niemand abgewiesen." Die Braunschweiger Hütte im Pitztal/Tirol war und ist für mich eine besondere Auslegung der Jahreslosung 2022.

Theo Schneider, Generalsekretär i. R., lebt mit seiner Frau in der Lutherstadt Wittenberg.

Manfred Siebald

Das Zögern vor der Tür

Ich liebe eine Erzählung des amerikanischen Autors Thomas Wolfe mit dem Titel „Die Rückkehr des Verlorenen Sohnes“. In ihr hat der junge Schriftsteller Eugene Gant seinen südstaatlichen Heimatort Altamont verlassen und im Norden ein autobiografisches Buch veröffentlicht, das ihn berühmt gemacht hat. Weil seine Stadt dabei nicht besonders gut wegkommt – was verständlicherweise die Bewohner erzürnt –, traut er sich lange nicht mehr nach Hause und malt sich in allen Einzelheiten aus, wie man ihn zurückweisen wird, wie ihn sogar seine eigene Mutter nicht mehr erkennt. Schließlich aber überwindet er seine Ängste und kehrt nach Altamont zurück. Er erlebt nicht etwa Ablehnung und Verachtung durch seine Mitbürger, sondern das genaue Gegenteil. In den sieben Jahren seit der Veröffentlichung des Romans haben sich die Gemüter beruhigt, und alle sind begeistert, den Sohn der Stadt zu sehen, in dessen Ruhm sie sich jetzt gern baden. Jeder will ihn sehen, und seine Mutter ist stolz auf ihn und koordiniert geschäftig die Gesprächstermine. Seine Angst, abgewiesen zu werden, war völlig unbegründet.

Das lange Zögern von Eugene Gant kann ich gut verstehen. Ich habe schon oft vor Türen gestanden, bei denen ich nicht wusste, was mich dahinter erwartete, und mit jeder Minute wuchs die Scheu, den Klingelknopf zu drücken. An eine solche Gelegenheit erinnere ich mich besonders lebhaft. Es war ein Dezemberabend in den frühen 1980er-Jahren, an dem wir mit Freunden zusammen in einem gemütlichen Restaurant den Geburtstag meiner Frau gefeiert hatten. Mir war die Rolle des Fahrers zugefallen, und ich zückte beim Verlassen des Lokals schon die Autoschlüssel, griff aber spontan wieder nach der Türklinke, weil ich schon auf der ersten Treppenstufe auszurutschen drohte. Ein heftiger Eisregen war während unseres Essens heruntergekommen und hatte Treppe und Bürgersteig in eine Schlittschuhbahn verwandelt. Unter viel Gelächter hielten wir einander auf dem Weg zum Auto fest, aber auf der Straße war gnädigerweise bereits ein Streuwagen im Einsatz gewesen, und deshalb bot die Fahrbahn den Reifen schon genügend Halt für unsere Heimfahrt.

Das blieb auch so, als wir in unseren Stadtteil einbogen und langsam die Durchgangsstraße bis dahin fuhren, wo ein kleiner Weg zum Haus unserer Freunde abzweigte. Beim Einbiegen war ich extrem vorsichtig, aber auch das Schritttempo half nichts: Abseits der gestreuten breiten Fahrbahn war der Untergrund urplötzlich spiegelglatt, und unser Wagen machte sich trotz sofortigen Gegenlenkens einfach selbstständig.

Die folgenden Sekunden dehnten sich wie die *slow motion* bei einer Fußballübertragung, und bis die vordere Stoßstange den Zaun des Eckgrundstücks erreicht und niedergedrückt hatte, rauschten eine Menge Bilder durch meinen Kopf. Ich sah uns schon auf allen Vieren aus dem Wagen klettern und zu Fuß nach Hause rutschen; ich sah mich in den kommenden Tagen auf dem Weg zur Autowerkstatt zu einer sicher teuren Reparatur; und ich sah mich bereits am nächsten Morgen vor der Tür des Eckhauses stehen, den Unfall beichten und die Bezahlung eines neuen Zaunes zusichern. Vor allem aber sah ich das Gesicht des Hausbesitzers vor mir. Wir kannten uns vom Sehen, aber ich hatte keine Ahnung, was für ein Mensch er war. Ich wusste nur, was er von Beruf war: Staatsanwalt für Verkehrsdelikte.

Nein – wir waren alle heil geblieben, der Zaun lag zwar am Boden und zwei Pfosten waren zersplittert, aber der Wagen war vollkommen fahrtüchtig und hatte nur ein paar Kratzer an der Stoßstange. Er ließ sich einfach auf die gestreute Straße zurückschieben, und wir alle kamen unverletzt in unseren Häusern an. Am nächsten Morgen hatte sich die Wetterlage beruhigt und ich konnte unbehindert zu meinem Tatort gehen. Aber je näher ich dem Haus des Staatsanwalts kam, desto unsicherer fühlte ich mich. Würde er mir wütend die Tür vor der Nase zuschlagen? Würde er mir eine Standpauke halten, mich über angemessene Fahrgeschwindigkeiten belehren oder mir gleich verkünden, was für ein Strafmaß ich zu erwarten hatte? Der letzte Schritt vor die Haustür fiel mir nicht leicht, und bevor ich auf den Klingelknopf drückte, dauerte es noch eine Weile. Ich fühlte, was Franz Kafka in einer seiner Geschichten so ausdrückt: „Je länger man vor der Tür zögert, desto fremder wird man."

Als die Tür aufging, stand der Besitzer von Haus und

Zaun vor mir und schaute mich freundlich an. Ich sprudelte schuldbewusst meine kleine Geschichte heraus und versicherte, ich sei mir wegen meiner langsamen Fahrweise eigentlich keiner Schuld bewusst – es sei aber natürlich völlig selbstverständlich, dass ich für den gesamten Schaden an seinem Zaun aufkommen würde.

Die Reaktion auf mein Bußbekenntnis werde ich nie vergessen. Sein Gesicht wurde nicht finster. Seine Stimme wurde nicht laut. Er zitierte keine Paragrafen. Er lachte nur: „Ach, machen Sie sich mal bloß keine Gedanken. Ich weiß, was das gestern Abend für eine Ausnahmesituation war. Nach Ihnen ist kurz vor Mitternacht meine Frau von einem Fest nach Hause gekommen und ist mit ihrem Wagen an genau derselben Stelle in die Reste des Zauns gerutscht. Es muss wirklich tierisch glatt gewesen sein."

Zuerst war ich sprachlos, aber dann ließ ich mich von seiner guten Laune anstecken. Sicherheitshalber wiederholte ich noch einmal meine Beteuerung, dass ich für den Schaden bezahlen wollte. Er schüttelte den Kopf und lachte weiter: „Soll ich Ihnen was sagen? Ich bin Ihnen eigentlich richtig dankbar. Diesen Zaun hab ich von Anfang an nicht leiden können, und ich bin froh, dass Sie ihn umgenietet haben. Jetzt hab ich einen Grund, ihn ganz verschwinden zu lassen."

Die Flasche Sekt, die ich als kleine nachbarschaftliche Geste in der Hand hatte, als ich am Nachmittag noch einmal beim Herrn Staatsanwalt klingelte, sollte meine Dankbarkeit ausdrücken, und so wurde sie auch angenommen. Der Zaun war tatsächlich nach ein paar Tagen verschwunden, und ich empfand dieses Verschwinden als ein schönes Symbol für die Offenheit und Menschenfreundlichkeit, die ich vom Hausherrn erlebt hatte.

Heute denke ich schmunzelnd an dieses Erlebnis zurück und finde darin die Haltung wieder, die Jesus Christus so ausgedrückt hat: „*Wer zu mir kommt, den werde ich nicht abweisen.*" Auch wenn wir allen Grund haben, aufgrund unserer Verfehlungen Angst vor ihm zu haben, dürfen wir zu ihm kommen. Auch wenn die Bibel sagt, dass er am Ende der Zeiten der Richter über die Menschheit sein wird, ist er heute für uns ein freundlicher Hausherr, der uns nicht nur vergibt, sondern uns mit Freundlichkeit und Liebe hereinbittet. Wir brauchen im Blick auf den Klingelknopf an seiner Tür nicht zu zögern und zu rätseln, ob er wohl gute oder schlechte Laune hat. Er hat uns durch seine Worte und Taten, durch sein ganzes Leben bewiesen, dass auf uns ein herzliches Willkommen wartet.

Dr. Manfred Siebald ist Professor für Literaturwissenschaft an der Johannes-Gutenberg-Universität in Mainz und Liedermacher.

Frank Spatz

Nicht abgelehnt, aber übersehen

Seit meiner Jugendzeit habe ich es mir zu einer guten und hilfreichen Gewohnheit gemacht, dass ich in der Regel den Tag mit einer Zeit der Stille beginne, mit Bibellesen und Gebet. Und davon soll mich möglichst auch nichts abhalten, doch es gibt vieles, was einen ablenken kann. Einmal jedoch wurde ich auf recht ungewöhnliche Weise gestört. Von Gott! Mitten beim Bibellesen kam mir der Impuls in den Sinn: Lege deine Bibel zur Seite, nimm eine Karte und schreibe deiner Mutter! Wie bitte? Jetzt? Ich bin inmitten meiner „stillen Zeit". Das kann doch niemals von Gott kommen, oder? Doch, ich wusste es! Meiner Mutter stand ein Krankenhausaufenthalt mit einer schweren Operation bevor. Ich legte also die Bibel zur Seite, schrieb meiner Mutter einige Zeilen auf eine Karte mit einem ermutigenden Bibelvers und warf sie später in den Briefkasten. Mein Vater fand die Karte im Briefkasten am Tag der Operation, nahm sie mit ins Krankenhaus und stellte sie auf das Tischchen neben dem Krankenbett. Später erzählte mir meine Mutter, wie viel ihr diese Karte bedeutet hat. Es war mehr oder weniger das Erste, was sie gesehen hat, als sie nach der Schläfrigkeit der Narkose wieder wach wurde. Dass ich mich von dem Wichtigen, was ich gerade tat, unterbrechen lassen hatte, war offenbar goldrichtig gewesen.

Szenenwechsel: Es war wieder einmal sehr spät geworden im Büro. Müde fahre ich mit dem Auto auf der dunklen, leeren vierspurigen Straße durch die Stadt nach Hause. Plötzlich sehe ich im Vorbeifahren jemand am Straßenrand. „Nanu, was will die denn?“ Auf dem Fußweg winkt eine Frau zum Anhalten. Ich fahre natürlich weiter. Als Mann, nachts, allein – eine jüngere Frau. Geht gar nicht! An der nächsten roten Ampel werde ich unruhig. Was ist, wenn sie wirklich Hilfe benötigt? Und was ist, wenn jemand anhalten würde, der andere Absichten hat, als ihr zu helfen. Kurze Rückfrage „Herr, was willst du? Habe ich hier einen Auftrag von dir?“ – Okay, ich drehe um und fahre die Straße erneut ab. Sie steht noch immer da und winkt. Ich halte an. Sie ist ebenso unsicher, bleibt auf Abstand. Ob ich sie nach Hause fahren könnte, nur wenige Kilometer. Sie hat sich den Fuß verletzt, kann nicht mehr auftreten und hat kein Handy dabei. Etwas unsicher setzt sie sich nach hinten ins Auto. Dann höre ich den inneren Impuls „Jetzt hast du wenige Minuten Zeit, um mit ihr über den Glauben zu reden!“ Sie selbst schlägt die Brücke: Woher ich kommen würde. Büro? Wo ich denn arbeiten würde? „Evangelischer …“ Ich frage zurück: „Gehören Sie einer Kirche an oder hatten schon einmal Kontakt zu einer Kirche?“ – „Nein, noch nie!“ – Pause. „Aber es gibt den lieben Gott. Ich weiß das. Ich habe ihn schon gespürt. Ja, den lieben Gott, den gibt es!“ Wir reden also über den Glauben. Ich sage ihr, was mir der Glaube an Gott bedeutet, welchen Halt er mir gibt. Sie hört zu, erzählt ein wenig von sich.

Als wir wenige Minuten später in ihre Straße einbiegen, laufen ihr die Tränen über die Wangen. „Ich habe falsche Entscheidungen getroffen in meinem Leben. Jetzt habe ich keinen Menschen mehr." – „Darf ich für Sie beten?" Sie nimmt das Angebot sehr gern an. Es ist vermutlich das erste Mal in ihrem Leben, dass jemand persönlich für sie betet. Sie ist sehr berührt und dankbar. Ich empfehle ihr eine Kontaktaufnahme zu einer christlichen Gemeinde, einfach mal einen Gottesdienst besuchen. Oder eine Seelsorgerin, mit der sie reden kann. Ob sie es getan hat, weiß ich nicht. Ich habe nichts mehr von ihr gehört. Aber ich denke, diese Begegnung war ein Mosaikstein, mit dem Gott ihr zeigen wollte, dass sie bei ihm nicht übersehen oder vergessen oder alleingelassen ist.

„Hinausstoßen! Abgewiesen! Abgelehnt!" – das ist eine aktive, unmissverständliche und verletzende Geste. Doch es gibt eben auch eine passive, nicht so offensichtliche und dennoch ausgrenzende Form der Ablehnung: übersehen zu werden, nicht beachtet zu werden, das Gefühl vermittelt zu bekommen: „Ich habe (jetzt) keine Zeit für dich!"

Beides lässt Jesus in seinen Begegnungen mit den Menschen nicht zu. Er lehnt niemanden kategorisch ab, lässt sich auf jeden ein, selbst auf die Feindseligen. Und noch mehr: Er lässt sich sogar unterbrechen von denen, die von anderen gern vergessen und ausgegrenzt werden. Denken wir an die zwei Blinden am Wegesrand vor Jericho, die Jesus hinterherrufen und um Hilfe betteln. Das Volk will sie zum Schweigen bringen. Sie stören. Doch

Jesus bleibt stehen, wendet sich ihnen zu und heilt sie (Matthäus 20,29ff.). – Da wird der verstorbene einzige Sohn einer Witwe aus den Toren der Stadt Nain getragen, um ihn zu beerdigen. Jesus kommt dem Trauerzug „zufällig" auf dem Weg entgegen, sieht das Leid, hat Erbarmen, bleibt stehen, rührt den Jungen an und erweckt ihn zum Leben, um ihn seiner verzweifelten Mutter wieder in die Arme zu geben (Lukas 7,11ff.) – ohne dass er darum gebeten wird. Dann ist da noch jene Frau in Betanien, die im Haus des Simon in die lockere Männerrunde platzt, um Jesus zu salben. Völlig unangebracht, ja ungehörig. „Die hat hier nichts verloren! Und überhaupt: So eine Verschwendung mit dem teuren Öl!", denken die Jünger. Und Jesus? Voller Liebe nimmt er sie in Schutz und begegnet ihr mit unbeschreiblicher Wertschätzung, sodass noch heute von ihr erzählt wird (Matthäus 26,6ff.).

„Wer zu mir kommt, den werde ich nicht abweisen!" Diese Worte aus dem Mund von Jesus sind für mich viel mehr als die Tür, die nicht vor meiner Nase zugeschlagen wird. Sie bedeuten, dass er mich liebevoll ansieht, sich mir zuwendet, sich Zeit für mich nimmt und ein offenes Ohr für meine Sorgen hat. Sie bedeuten seine Wertschätzung für meine oft stümperhaften Versuche, ihm meine Liebe zu zeigen. Sie bedeuten, dass er zu mir kommt, wenn ich traurig bin und Ermutigung brauche. Ich liebe diesen Jesus! Was für eine Freundschaft, die er uns anbietet!

Frank Spatz, Kassel, ist Generalsekretär des Evangelischen Gnadauer Gemeinschaftsverbands.

Gerdi Stoll

Wo bleibt die Kirche? Oder: Die Tür ist offen

Noch eine Woche, dann feiern wir das Weihnachtsfest 2020. Ich sitze gerade vor meinem Laptop und möchte mich mit der Jahreslosung 2022 befassen:

Welche Gedanken werden mir wohl am 1. Januar 2022 durch den Kopf gehen? Schaue ich nach vorne oder eher zurück?

Haben wir bis dahin Kontrolle über die Pandemie bekommen? Wie viel Schaden wird sie wohl angerichtet haben? Wie viele Menschen mussten ihr Leben lassen? Wie viele Menschen sind arbeitslos geworden? Wird der neue Impfstoff uns bis dahin Sicherheit gegeben haben? Können wir uns nun wieder in größeren Gruppen treffen? Können wir uns wieder die Hand geben und einander umarmen?

Unser Lebensrahmen hat sich durch Corona stark verändert. Ich staune immer noch, wie Politiker, Virologen, Mediziner und Philosophen miteinander ringen, welcher Weg uns weiterhelfen kann. Wo waren in diesem Prozess Vertreter der Kirche gefragt? Wo wurden sie in den Medien im Umgang mit den Auswirkungen der Pandemie einbezogen? Wo wurde nicht nur vom Weihnachtsfest als Fest der Familie gesprochen, sondern Weihnachten als Christfest wahrgenommen, an dem Gottes Sohn in diese Welt kam, um uns zu erlösen?

Die Jahreslosung 2022 heißt: „*Jesus Christus spricht: ‚Wer zu mir kommt, den werde ich nicht abweisen.*'" Als Christin bin ich davon überzeugt, dass diese Aussage von Jesus gilt. Die Pandemie hat uns deutlich gemacht: Nicht alles in unserem Leben ist kontrollierbar. Der Mensch strebt nach Sicherheit. Geht sie verloren, dann werden Sorgen, Ängste, Verzweiflung und Depression geschürt. Auf welche Weise erfahren Menschen, die der Kirche eher fernstehen, sich aber nach Sinn und Hoffnung sehnen, dass der christliche Glaube durch Jesus Christus Energie und Zukunftsperspektiven schenkt? Haben wir Angebote, die Beziehungen ermöglichen und dadurch Raum geben, Lebenssorgen auszusprechen und miteinander zu teilen?

Jesus als der Sohn Gottes hatte einen klaren Auftrag. Er ließ sich von den Nöten der Menschen seiner Zeit berühren. Das gilt bis heute. Nicht die Geschäftsmeilen und die vollen Supermärkte sind die Lösung. Der Mensch braucht eine innere Quelle, die satt macht, die den Lebenshunger und den Lebensdurst stillt. Jesus sagt: „Ich bin das Brot des Lebens; wer zu mir kommt, wird nie mehr hungern, und wer an mich glaubt, wird nie mehr Durst haben […] Alles, was der Vater mir gibt, wird zu mir kommen, und *wer zu mir kommt, den werde ich nicht abweisen*" (Johannes 6,36-37).

Und was macht den Menschen wirklich satt, egal, in welcher Situation er sich befindet? Die Sehnsucht, bedingungslos geliebt und wertgeschätzt zu werden, ist groß. Solange unser Gesellschaftsgebäude funktioniert, kann Anerkennung, die durch Leistung erreicht wird, genügen. Was geschieht mit der Seele eines Menschen, der alles verliert und keinen Ausweg mehr sieht? Ein gebrochener, gescheiterter Mensch. Wer kann ihm aufhelfen? Eine gebrochene, gescheiterte Menschheit, wohin führt ihr Weg? Die Pandemie hat ihren Teil zu dieser negativen Entwicklung beigetragen.

Wie finden Menschen heute den Weg zu diesem Ort, über den Jesus sagt: „*Wer zu mir kommt, den werde ich nicht abweisen*“? Wir brauchen Menschen, die gepackt sind von der Liebe Jesu. Wir brauchen Menschen, die ein Herz und ein offenes Ohr für ihr Gegenüber haben: Was ist die Not? Was ist das Bedürfnis? Was ist die Sehnsucht? Wir brauchen Menschen, die noch begeistert sind für die Informationen, die wir über den besten Menschenfreund in der Bibel haben. Wir brauchen Menschen, die nicht ausgrenzen, sondern ihre Tür öffnen und bereit sind, suchenden Menschen eine Heimat zu geben. Wir brauchen Menschen, die kreativ werden, auch was äußerliche Hilfe betrifft, z. B. in der Diakonie.

Wir brauchen Menschen, die gepackt sind von der Liebe Jesu. Wir brauchen Menschen, die ein Herz und ein offenes Ohr für ihr Gegenüber haben.

Während meines Krankenhausaufenthaltes begegnete ich einer lieben Mitpatientin. Sie erzählte mir, dass Engel für sie eine große Bedeutung haben. Ich bestätigte, dass Engel Boten sind, die Gott aussendet. Hinter diesen Engeln, so erklärte ich ihr, sehe ich Jesus. Und ich beschrieb ihr, was Jesus für mich bedeutet. Im Laufe der darauffolgenden Tage tauschten wir uns über unsere Lebenserfahrungen aus. Meine Mitpatientin konnte wahrnehmen, dass nicht alles in meinem Leben glattgelaufen ist. Ich brauche immer wieder diesen himmlischen Halt, ich brauche Hoffnung. Ich lebe aus diesem Vertrauen, dass Jesus für mich gestorben und auferstanden ist. Es ist, als säße ich in seinem Sprechzimmer. Er hat Zeit. Er hört mir zu. Ich erfahre seine Wertschätzung. Er weitet mein Blickfeld, meinen Horizont. Er macht mir Mut und ich gehe gestärkt in meine Lebenssituation zurück. Als ich mich am letzten Tag meines Krankenhausaufenthaltes von meiner Mitpatientin verabschiedete, nahm ich sie in den Arm und sagte: „Mein größter Wunsch ist, dass du eines Tages hinter den Engeln Jesus wahrnimmst, der zu dir sagt: ‚Ich habe dich lieb.'" Ihr kamen die Tränen. Ich weiß, das war in ihrer nicht leichten Situation nur ein kleiner Anstoß, dass sie vielleicht den Weg zum himmlischen Sprechzimmer entdecken kann. Das Eigentliche macht Jesus. Und dafür darf ich beten.

Was macht die Kirche? Die Kirche sind wir – ich und du. Und Jesus Christus ist und bleibt die Tür zum wahren Leben. Ich wünsche uns allen Liebe, Kreativität und Mut, viele kleine Anstöße im Alltag zu entdecken, die den Weg zu dieser Tür leichter finden lassen.

Gerdi Stoll, Mötzingen, ist Pädagogin, Pfarrfrau und Referentin.

Silke Traub

Rückblick im Lockdown

Ich hatte keine Langeweile in den „Lockdown-Monaten" Ende 2020 bis Anfang 2021.

Denn schon mehrere Jahre standen sie wie ein unüberwindliches „Bergmassiv" vor mir: die Akten- und Ordnerberge der letzten 4 Jahrzehnte. Teils waren sie ordentlich geheftet, sogar in Folien gesteckt; teilweise aber auch nur flüchtig in Hängemappen verstaut, um sie später zu sichten. Was dann aber doch nie passierte …

Unser Leben war eben immer randvoll ausgelastet im hauptamtlichen missionarischen Verkündigungsdienst bis in die ersten Ruhestandsjahre meines Mannes hinein: Freizeiten wechselten sich ab mit Bibelwochen; regelmäßige Predigtdienste mit außergewöhnlichen Projektveranstaltungen; Herausgabe von regelmäßig erscheinenden Verbandszeitschriften mit Konzeptionen von einmaligen missionarischen Magazinen; gelegentliche Buchprojekte mit Artikelanfragen für befreundete Werke. Ein Rad, das sich ständig drehte …

Allein

Jetzt stehe ich allein vor dieser Aufgabe, all das viele „Papier" sichten zu müssen.

Ich hätte das liebend gern mit meinem Mann zusammen gemacht. Aber kurz vor dem von uns geplanten Ende dieser schnelllebigen Jahre hat unser eigentlicher *DienstHERR* und Auftraggeber *seinen* Plan umgesetzt und meinen Mann zu sich nach Hause geholt ... Lockdown!

Und ich? Ich hebe meine Augen auf zu den „Papier-Bergen" – woher kommt mir Hilfe??? Gelegentlich zitiere ich diesen Anfangsvers des 121. Psalms mit einem Augenzwinkern, aber gleichzeitig auch mit der tiefen inneren Bitte, dass mein HERR mich in dieser Zeit der äußeren Sondierung und gleichzeitig des inneren Revue-passieren-Lassens nicht im Stich lässt und mithilft. Und ich höre eine leise Antwort, ein „Zuflüstern" meines HERRN aus der Jahreslosung heraus: *„Wer zu mir kommt, den werde ich nicht abweisen ..."*

Wozu das alles?

In diesen Stunden und Tagen des Lockdowns, im Blättern, im Abwägen – entsorgen oder aufheben? –, mache ich eine überraschende Entdeckung bei mir selbst: Kein einziges Mal habe ich das Gefühl des Vergeblichen, des „Umsonst" – selbst wenn vieles, was einmal mit viel Zeitaufwand entstand, in der Papiertonne landen muss! Denn das Wesentliche ist längst „aufgehoben" und befindet sich auf einer ganz anderen Ebene: Das Ziel all unserer schriftlichen Mühen war es ja immer gewesen, dass (junge) Menschen zu Jesus Christus finden. Sie sollten wissen, dass *er* sie sucht. Sie sollten kommen und diese Lebensbeziehung finden. Sie sollten hören: Da wartet noch eine andere Dimension von Leben auf dich! Da wartet „Vater“ auf dich!

Erinnerungen

In meinen Aufräum- und Sichtungsaktionen ziehen 3 Jahrzehnte missionarischer Jugendarbeit an vier verschiedenen Standorten in Aktenform an mir vorüber: Württemberg. Bayern. Baden. Berlin. Großartige, für mich unvergessliche Veranstaltungen mit klingenden Namen wie „Christival“, „Life pur“, „Ten Sing-Tournee“, „Missio Center“, „Summer in the City“, „Pavilion der Hoffnung auf der EXPO 2000“ fallen mir da wieder ein …

Die Erinnerungen lassen mich in meinem Wegwerfvorhaben nicht so schnell vorwärtskommen, wie ich mir das vorgestellt hatte. Vor meinem inneren Auge waren mir wieder so viele (damals!) junge Menschen gegenwärtig, die wir in ihrer Junge-Erwachsenen-Zeit begleiten durften. Was durften wir nicht alles mit ihnen unternehmen! Wir sind gereist, haben miteinander gespielt, gelacht, gekocht, sind sogar Wasserski gefahren, haben gesungen und immer wieder die Lebenseinladung zu Jesus, der keinen abweist, gehört! Wir haben viele „Methoden der Verkündigung“ ausprobiert, haben experimentiert, Ungewöhnliches gewagt, gebetet – und immer wieder gehofft, dass viele die Tür zum Leben mit

Jesus finden, dem Lebensbegleiter ins ewige Leben hinein …

Wo sie wohl heute alle sind?

Sie sind weitergegangen in ihr Erwachsenenleben hinein. Ob sie Jesus mitgenommen haben?

Die meisten habe ich längst aus den Augen verloren. Aber mit manchen kreuzen sich die Lebenswege bis heute immer wieder. Wir sind Weggefährten geblieben auf dem Jesus-Lebensweg. Wir sind gekommen, sind geblieben – bei *ihm*. Nicht hinausgestoßen von *ihm* in unüberschaubaren Lebenskurven! Da bin ich mir ganz sicher!

Entdeckung

Beim Blättern in alten Predigten oder Verteilheften mache ich eine bemerkenswerte Entdeckung: In zig kreativen Varianten taucht eine Bibelgeschichte so oft auf wie keine andere: das Gleichnis vom verlorenen Sohn. Immer anders. Nie langweilig. Und trotzdem immer mit ein und demselben Anliegen: Du darfst kommen! Du wirst nicht nur nicht hinausgestoßen oder abgewiesen – ganz im Gegenteil: Du wirst sogar sehnlichst erwartet!

Folgende Variante aus der Feder meines Mannes fand ich in Lockdown-Tagen wieder:

Der Ring an seinem Finger

Mich hat er damals ganz zuletzt, nach kurzem Zögern, doch noch abgestreift. Kurz bevor er die letzte Türe hinter sich zuschlug und endgültig ging. Ich blieb auf dem Küchentisch liegen. Ich war das Erbstück schlechthin. Aus reinem Gold, mit edlem Stein. Jeder, der mich besaß, trug mich bisher voller Stolz. Doch er verzichtete auf mich, den Siegelring des Sohnes. Behutsam nahm mich der Vater wieder an sich. Lange hielt er mich in seiner rechten Hand, schloss liebevoll die Finger um mich, legte wie zum Schutz seine linke darüber, bevor er mich zu altem Familienschmuck zurück in die Truhe legte.
Warum hat er mich nicht mitgenommen? Schließlich gehöre ich seit Generationen zum Leben dieser Familie: Ich war auf allen großen Festen; ich war bei allen Gottesdiensten, tanzte auf allen Hochzeiten mit und war bei jeder Trauerstunde dabei. Warum wollte er so gründlich vergessen, dass er Sohn ist? Ahnte er, dass das nicht zusammenpasste: Sohnesring und sinnloses Vertun all seiner Ressourcen? Sohnesring und Geringschätzung aller Werte, die er von seinem Vater hatte?
Ich ahne: Er wollte ganz frei sein!

Hinterher, nachdem ich die ganze Geschichte des Sohnes erfahren hatte, war ich froh, dass ich nicht alles mit anfassen musste: Nicht die flüchtigen

Hände für eine Nacht. Nicht die Hände der Betrüger. Nicht die Griffe der Türen in illegale Räume. Nicht den Schweinefraß am Trog.

Gefühlte Endloszeit lag ich unberührt in der dunklen Schatulle. Das Gold hatte seinen Glanz verloren – jetzt, wo der Sohn weg war … niemand wird mich mehr tragen. Niemals mehr werde ich ein Zeichen für Wertschätzung, für Sohnesrecht, für Zuhause und Zugehörigkeit sein können. Auch ich habe meinen Sinn und Wert verloren – nicht nur der Sohn in der Fremde … Ob er noch lebt?

Plötzlich! Mitten am Tag höre ich Schritte. Nicht lange braucht es, bis jemand die Truhe öffnet, mich in der Hand hält. Ein Tuch. Ein Hauch. Mein Gold beginnt zu glänzen. Ich werde auf ein Stück Samt gelegt und in den Festsaal getragen. Da ist er, zu dem ich gehöre: der Sohn! In neuem Anzug. Zuhause. Neben dem Vater. Er ist wieder da! Lebendig. Gefunden. Ich werde ihm an den Finger gesteckt. Die Musik spielt auf. Das Fest beginnt!
Und alle Tage ohne mich – beim Vater vergessen! Alle Nächte ohne mich – beim Vater vergeben! Die Zeiten ohne Wert – wie ein Nebel aufgelöst! Mein Sohn – tot und verloren!

Silke Traub, Kraichtal, ist Lehrerin, Buchautorin und Referentin auf Frauenfrühstückstreffen.

Iris Völlnagel

Beherbergungsverbot aufgehoben

Es war eine jener Situationen, die ich so gar nicht mag. Es war Mai und in wenigen Tagen hatte ich Geburtstag. Eigentlich ist es schön, im Mai Geburtstag zu haben. In diesem Jahr war es sogar noch an einem langen Wochenende. Was lag da näher, als dies zum Anlass für einen Kurzurlaub zu nehmen?

Doch in diesem Jahr war alles anders. Die lang geplante Auslandsreise war wegen Corona schon vor Wochen abgesagt. Als Alternative überlegte ich mit einer Freundin wandern zu gehen. Auch sie musste ihre Geburtstagsfeier, die sie schon monatelang im Voraus für dieses Wochenende geplant hatte, wegen Corona absagen. Was tun? Von Tag zu Tag gab es neue Meldungen: Dann zeichnete sich ab, dass das Beherbergungsverbot just zu unserem Geburtstagswochenende aufgehoben werden sollte. Nach den Wochen des Lockdowns fühlte es sich an wie ein Geschenk. Unserem Wanderwochenende stand nichts mehr im Wege. Unser Ziel: der Malerweg in der Sächsischen Schweiz. Es sollte eine mehrtägige Wanderung werden, bei der wir von Ort zu Ort gingen und jeden Abend an einem anderen Ort übernachteten.

So planten wir den Trip. Alles schien doch noch irgendwie gut zu werden. Die Bilder im Internet ließen die Vorfreude steigen. Über das Internet versuchten wir an jedem Ort eine Übernachtungsmöglichkeit zu buchen. Das schien leider schwieriger als gedacht. Manche Unterkünfte hatten noch zu. Andere waren schon lange ausgebucht. Wieder andere hatten zwar noch Betten frei, man konnte sie aber nur buchen, wenn man mindestens zwei Nächte blieb. Das ließ sich mit unserer Wanderung von Ort zu Ort schlecht vereinbaren. Und natürlich gab es noch Platz in jenen Unterkünften, für die unser Budget nicht vorgesehen war.

Vor allem für einen Ort, an dem es nur ein Hotel gab, fehlte noch die Unterkunft. Es war ausgerechnet mein Geburtstag. In einer netten Mail hatten uns die Wirtsleute erklärt, dass sie leider schon seit Wochen ausgebucht waren. Was tun? Die nächste Übernachtungsmöglichkeit war weit weg. Die Route ändern, alles abblasen oder abends noch einen Bus oder ein Taxi in die nächstgelegene Stadt nehmen und dort eine der überteuerten Unterkünfte wählen? Wir fanden keine befriedigende Lösung.

Zwei Tage später klingelte das Telefon. „Sie hatten doch bei uns wegen einer Übernachtung angefragt“, hörte ich eine Frauenstimme sagen. „Wir hätten da noch ein kleines Zimmer. Es ist wirklich sehr winzig und nicht sehr komfortabel, aber wenn sie wollen, können sie es haben.“ Und ob wir wollten!

Als wir ankamen, waren wir überrascht. Positiv überrascht. Es stimmte, das Zimmer war klein, für große Menschen war es wegen der Dachschräge nicht sehr geeignet. Außer zwei Betten, einem Waschbecken, einem kleinen Tisch und einem großen Fernseher war nicht mehr viel Platz. Aber irgendwie war es auch gemütlich und vor allem sauber. Wenn man duschen oder zur Toilette wollte, musste man das Gemeinschaftsbad auf dem Gang nehmen. Für ein Hotel eher ungewöhnlich. Doch uns störte es nicht. Im Gegenteil: Irgendwie passte es zu unserer Wanderphilosophie, mit möglichst wenig Gepäck und möglichst einfach unterwegs zu sein. Zur Entlohnung gab es ein sehr schmackhaftes Abendessen sowie ein ebenso reichhaltiges wie leckeres Frühstück.

Kurzum: ein einfacher, aber schöner Ort, um in den Geburtstag hineinzufeiern.

An diese Geschichte musste ich denken, als ich den Vers der Jahreslosung aus Johnannes 6 las. „*Wer zu mir kommt, den werde ich nicht abweisen.*" Jesus war in seinem Leben auch viel unterwegs und sicherlich nicht so komfortabel wie wir. Er kannte die Bedürfnisse seiner Mitmenschen und die Not, wenn diese nicht gestillt werden können. Er wusste, was es bedeutet, nicht bei jedem willkommen zu sein. Doch er kannte auch die Quelle, die Adresse, wo es Hilfe gab in allen (Not-)Situationen: der himmlische Vater. Jesus kannte seinen himmlischen Vater als einen Gott, der die Türen aufmacht, wenn wir ihn darum bitten. Ein Gott, der sich unserer annimmt. Ein Gott, der wie die Wirtin nach Möglichkeiten und Lösungen Ausschau hält.

Wer jemals unverdient und unverhofft Gastfreundschaft erlebt hat, etwa beim Reisen oder in einem fremden Land, kann leichter eine Ahnung davon bekommen, was Jesus meinte, als er sagte: „*Wer zu mir kommt, den werde ich nicht abweisen.*" Auch wenn unsere Unterkunft einfach war, so ermöglichte sie uns doch einen unbeschwerten Schlaf, Schutz vor Regen, ein Dach über dem Kopf, eine trockene Nacht, ein Rückzugsraum zum Auftanken sowie gute Verpflegung.

Wie viel mehr ist es bei Gott. Er ermöglicht uns Zugang zu den himmlischen Welten, Gemeinschaft mit ihm, Orte, wo die Seele auftanken kann, Vergebung sowie Versorgung nach Leib, Seele und Geist. Es lohnt sich, bei ihm anzuklopfen, nachzufragen, ob er Platz hat. So klingt dieser Satz von Jesus nach einer Verheißung, die es auszuprobieren gilt: „*Wer zu mir kommt, den werde ich nicht abweisen.*" Und anders als bei meinem Beispiel hat Gott als Schöpfer dieser Welt unbegrenzte Kapazitäten und Möglichkeiten.

Iris Völlnagel lebt in Leipzig. Als Journalistin liebt sie es, neue Welten zu entdecken.

GERALD VORLÄNDER

Radikale Gastfreundschaft als geistlicher Weg

Die Jahreslosung ist ein Kernsatz des Evangeliums, der guten Nachricht: Jesus lässt keinen im Regen stehen, egal wie seine oder ihre Herkunft und Vorgeschichte ist. Eine enorme Zusage besonders für diejenigen, die Zweifel haben, ob die gute Nachricht von Gottes Liebe ihnen wohl auch gelten könnte. Zweifel, weil sie sich aus unterschiedlichsten Gründen unwürdig fühlen. Oder Zweifel, weil die ganze Sache mit dem Glauben ihnen bisher völlig fremd war und sie ohne Bezug zum Glauben aufgewachsen sind.

Das ist die eine Seite, die gar nicht genug betont und wiederholt werden kann. Aber als jemand, der in überwiegend nichtchristlichem Kontext für missionarische Arbeit verantwortlich ist (Berliner Stadtmission), kann ich nicht anders, als direkt zu fragen: Und wie erfahren die Menschen, dass Jesus keinen zurückweist?

Die grundsätzliche Antwort ist leicht: durch andere Menschen, die bereits ein Vertrauensverhältnis zu Christus haben. Aber was heißt das konkret?

Vor einigen Jahren bin ich auf das Buch „Radical Hospitality – Benedict's Way of Love" („Radikale Gastfreundschaft – Benedikts Weg der Liebe")[1] gestoßen,

[1] Daniel Homann und Lonni Collins Pratt, *Radical Hospitality – Benedict's Way of Love* (Radikale Gastfreundschaft – Benedikts Weg der Liebe, Glasgow 2007).

aus dem ich fünf Gedanken vorstellen möchte. Dieses Buch ist eine Auslegung der benediktinischen Ordensregel für heute. Dabei geht es nicht um christliche Ethik, die dem Glauben folgt. Sondern wir können das Evangelium erst in der Tiefe begreifen, wenn wir uns auf den Weg der Hingabe begeben.

1. Gastfreundschaft ist keine Technik oder moralische Verpflichtung, sondern ein spiritueller Weg, der uns selbst verändert.

Dabei geht es um die Überwindung der Angst vor dem Fremden und damit um einen neuen Zugang zum Heiligen. Gott ist für uns ein Fremder, nicht nur weil er uns – wie Jesu Gleichnis vom Weltgericht darstellt – in fremden Menschen begegnet, sondern weil er selbst uns zunächst fremd ist. Das ist ja die ursprüngliche Bedeutung von Heiligkeit: fremd, nicht alltäglich, abgegrenzt, anders als unsere gewohnte Lebenswelt.

„Benedikt lehrt uns, dass wir uns dem Heiligen (Gott) gegenüber verschließen, wenn wir uns dem Fremden gegenüber verschließen. Wenn wir unsere Türen verschließen und unsere Tore versperren, verbieten wir Gott, zu uns zu kommen." (S. xxii) „Gastfreundschaft ist eine geistliche Praxis. Ein Weg mehr Mensch zu werden und dich selbst besser zu verstehen." (S. 5)

In den letzten Jahren ist bei einem Teil der Christen die Bereitschaft gestiegen, populistischen Reden und Verschwörungsmythen zu glauben. Es ist ein verzweifeltes Mittel, der Komplexität und Ambivalenz der Welt zu entgehen, wenn man ganz grob in Böse (die anderen) und Gute (wir) aufteilt. Abgesehen davon, dass solche Thesen keinem objektiven Faktencheck standhalten und auch kein Problem lösen, führen sie geistlich in eine Sackgasse. Denn sie bauen auf eine sorgfältige Pflege der Angst statt auf ihre Überwindung. Und verhindern so, dass man dem lebendigen, d. h. nicht einsortierbaren, Gott begegnet. Man sieht sich noch als Christ, hat aber Christus gegen einen toten Götzen eingetauscht.

2. Gastfreundschaft verträgt sich nicht mit einer „Konsumenten-Spiritualität" und dem Wunsch nach Bequemlichkeit

Das geistliche Problem vieler Christen ist, dass sie einen Wohlfühl-Glauben haben. Eine solche Haltung führt dazu, Herausforderungen zu meiden, und macht extrem stimmungsabhängig. Radikale Gastfreundschaft kann da heilsame Medizin für ihre Seele sein, die sie vom Kopf auf die Füße stellt und sie transformierende Liebe erfahren lässt. Diese Liebe greift zutiefst hilfreich in die Strukturen des Lebens ein. Der Wunsch nach Bequemlichkeit verhindert Gastfreundschaft, die über den unmittelbaren Freundeskreis hinausgeht, und kettet einen an die eigene Komfortzone. „*Wer zu mir kommt, den werde ich nicht abweisen*", eine solche Haltung erfordert eine grundlegende Musterdurchbrechung und fördert so eine große Befreiung zu anderen Begegnungsmöglichkeiten.

3. Gastfreundschaft bedeutet nicht, es ein bisschen nett zu machen, sondern Leben zu retten.

Benedict von Nursia (geb. um 480, gest. etwa 547) schrieb seine Ordensregel in der Zeit der Völkerwanderung, als die ganzen Sicherheitssysteme des Römischen Reiches zusammengebrochen waren. Gewaltige Migrationsströme zogen durch Europa, Asien und Nordafrika, warfen alle gesellschaftlichen und sozialen Gefüge vollkommen durcheinander, bedrohten und veränderten sie. Es gab praktisch keine sicheren und bezahlbaren Unterkünfte für Reisende. Stattdessen war es an der Tagesordnung, dass Reisende überfallen und ausgeraubt, verwundet und verschleppt wurden. In dem Zusammenhang war klar, dass die benediktinische Gastfreundschaft ganz unmittelbar dem Schutz von Menschenleben diente.

In vielen Gemeinden konzentriert sich Gastfreundschaft auf ein Begrüßungsteam vor und das Kirchencafé nach dem Gottesdienst. Das ist nur zu begrüßen. Aber Jesu Anspruch auf unser ganzes Leben führt uns dahin, wo es gesellschaftlich brennt.

Eine Kollegin machte in der Phase des zweiten Corona-Lockdowns, als alle Cafés, Einkaufszentren usw. geschlossen waren, den Vorschlag, dass alle Kirchen und Gemeindehäuser ihre Toiletten für Passanten öffnen sollten. Das wäre noch keine Lebensrettung, aber ein starkes Zeichen, dass wir elementare Grundbedürfnisse ernst nehmen. Ich ahne natürlich, was die erste Reaktion des Ältestenkreises oder Küsters auf eine solche Idee wäre. Aber diese natürlichen (mit Paulus gesprochen „fleischlichen") Reaktionen sind vielerorts ein Grund für spirituelle Erlebnisarmut und missionarische Wirkungslosigkeit. Vielleicht kommt Jesus ja auch in einem Menschen zu uns, der Druck auf der Blase hat.

4. Gastfreundschaft heißt, sein Herz für andere zu öffnen und vor dem Schweren nicht wegzulaufen, sondern an der Seite eines anderen standzuhalten.

Auch hierbei geht es nicht um einen moralischen Akt der Barmherzigkeit, sondern erneut um die beidseitige Erfahrung transformierender Liebe gerade angesichts von Problemen, auf die man keine Antwort hat. In christliche Cafés kommen ja immer wieder Menschen, die jemanden suchen, dem sie mal ihr Herz ausschütten können. Das ist in vielen Einrichtungen der Berliner Stadtmission auch so, in der Kältehilfe und Wohnungslosenarbeit, in den Frauenhäusern, die wir im Corona-Jahr 2020 auf Bitten des Senats eröffnet haben, usw. Wenn man mit Menschen ins Gespräch kommt, die zu uns kommen, erschrickt man oft, welche lebensgeschichtlichen Abgründe sich da auftun. Man ist dann geneigt, schnell abzublocken. „Ich bin jetzt nicht der Fachmann, keine Therapeutin." Herzens-Gastfreundschaft aber lässt sich berühren, auch wenn sie keine Lösung anbieten kann.

5. Gastfreundschaft bedeutet auch, die Grenzen ernst zu nehmen und die Fremden fremd sein zu lassen.

Das schließt noch mal an die erste These an. Im Leitbild der Berliner Stadtmission heißt es: „Wir geben Menschen Heimat und leben Gemeinschaft. Wir wollen, dass Menschen sich bei uns zu Hause fühlen und Heimat finden." Aber das hat auch einen Haken. Es kann nämlich wieder zu einer Art Kuschelkurs verführen, dass nur die willkommen sind, die sich dann auch schnell zu Hause fühlen. Aber radikale oder konsequente Gastfreundschaft erlaubt dem Fremden, fremd zu bleiben. D. h., zunächst einmal rechnet sie damit, dass der Fremde fremd ist, und fürchtet sich trotzdem nicht vor ihm:

„Gastfreundschaft bedeutet für Benedikt Offenheit gegenüber dem anderen Menschen, und zwar besonders gegenüber dem Fremden, von dem man nicht weiß, wer er ist, was er glaubt, welche Herkunft und Andersartigkeit ihn prägen. Er könnte – in den damaligen gesellschaftlichen Verhältnissen – auch ein Strolch oder gar ein entflohener Verbrecher sein!"[2] Trauen wir uns – persönlich und als Gemeinden oder Einrichtungen – an diesen Gedanken heran: Wir nehmen Menschen an und auf, von denen wir nicht wissen, was sie mitbringen oder wie sie sich einfügen? Wie viel Furcht ist da zu überwinden! Furcht vor schmutzigen Toiletten, vor zusätz-

---

2 Wolfgang Vorländer, Gottes Gastfreundschaft im Leben der Gemeinde, 1999.

licher Arbeit, vor Missverständnissen, vor aggressiven Auseinandersetzungen …

Aber wie viel Segen wartet jenseits der Furcht! Schon lange. *„Jesus Christus spricht: Wer zu mir kommt, den werde ich nicht hinausstoßen."*

Eine lohnende Abenteuerreise wartet auf uns, wenn wir uns von Jesus in diese Haltung hineinnehmen lassen und seinem Anspruch auf unser ganzes Leben folgen. Er wird an unserer Seite sein, und wir werden aus dem Staunen nicht herauskommen, was mitten in dieser Welt geschehen kann.

Pfarrer Gerold Vorländer ist Leiter des Dienstbereichs Mission der Berliner Stadtmission.

ERNST GÜNTER WENZLER

Das Weiße Haus

Die meisten Menschen kennen das Weiße Haus. Wenigstens von außen. Der Grundstein wurde am 13. Oktober 1792 durch den ersten Präsidenten der USA, George Washington, gelegt. Seit 1800 ist „The President's House" Amtssitz und Wohnung des amtierenden Präsidenten. 45 der bisher 46 US-Präsidenten haben hier in ihrer Amtszeit gewohnt. Deshalb hat das Weiße

Haus seit 1961 auch den Status eines Museums. Nach acht Jahren Bauzeit zog im Jahr 1800 der zweite US-Präsident als Erster in die noch unfertige Residenz ein. Seiner Meinung nach war das Haus viel zu groß. Von Abigail Adams, der ersten First Lady der USA, stammt ein vernichtendes Urteil: „Das dreckigste Loch, das ich je gesehen habe." Die Wände waren feucht, die Fenster undicht. Ihre Wäsche ließ sie im noch unfertigen East Room trocknen.

Der Dichter Mark Twain bezeichnete das Gebäude abfällig als „große, weiße Scheune". Es war ein weiter Weg, bis der 40. Präsident, Ronald Reagan, das Weiße Haus liebevoll als „Acht-Sterne-Luxushotel" bezeichnete.

1814 wurde es durch britische Truppen in Schutt und Asche gelegt. Nur ein paar Mauern konnten beim Wiederaufbau noch verwendet werden. Die Rußflecken wurden einfach mit weißer Farbe übermalt. Theodor Roosevelt führte 1901 den offiziellen Namen „White House" ein.

Es wurde an- und umgebaut, durch den Ost- und Westflügel erweitert, renoviert und 1949 generalsaniert. Die meisten Präsidenten und ihre First Ladys haben ihre Wohnung auf Zeit nach dem eigenen Geschmack gestaltet. Und da gibt es viel Entfaltungsraum. Denn im Weißen Haus gibt es heute auf 6 Etagen 132 Zimmer mit 412 Türen und 147 Fenstern, 35 Badezimmer, acht Treppenhäuser, 3 Aufzüge und immerhin 29 Kamine.

In diesem Haus wird seit 220 Jahren Geschichte geschrieben. Hier wird Weltpolitik gemacht und es werden Entscheidungen getroffen, die das Leben von Millionen Menschen beeinflussen. Im Inland wie im Ausland. Im Weißen Haus werden die empfangen, die Rang und Namen haben. Von hier aus haben Präsidenten über Krieg und Frieden entschieden. Auf der zweiten Etage wohnt die „First Family". Von seinem Schlafzimmer aus hat es der Commander-in-Chief nur 100 Meter weit bis zu seinem Schreibtisch im „Oval Office" im Westflügel des Hauses. Hier ist die eigentliche Schaltzentrale der Macht.

Nur logisch, dass der „White House Complex" und die Gartenanlagen Hochsicherheitszone sind. Nicht immer einfach für die, die hier leben. Schon Harry S. Truman, von 1945 bis 1953 der 33. Präsident der Vereinigten Staaten, hat das Weiße Haus als „das große weiße Gefängnis" bezeichnet. Der Secret Service und die Park Police bewachen das Areal. Überall sind Kameras und Sensoren angebracht. Auf dem Dach sind Scharfschützen postiert. Es gibt ein Überflugverbot. Sollte sich dennoch ein Flugzeug nähern, stehen Abfang-Jets und Luftabwehrraketen zum Einsatz bereit. Und wenn es doch einmal gefährlich werden sollte, gibt es für die Präsidentenfamilie und die Regierungsmitglieder unter dem Ostflügel einen Luftschutzbunker. Er soll auch einem Angriff mit Atomwaffen standhalten. Vom „Presidential Emergency Operations Center" (PEOC) ist es dem Präsidenten und seinem Stab möglich, auch in Sondersituationen die Geschicke des Landes zu steuern.

Von hier aus gibt es ein Tunnelsystem zu geheim gehaltenen Notausgängen.

Obwohl das Weiße Haus eines der am besten bewachten Gebäude der Welt ist, gibt es viel Publikumsverkehr. Tausende Besucher besichtigen jede Woche Teile des Hauses. Wer eines der begehrten Tickets erhält, kann nach vier Passkontrollen, einer Hundekontrolle und einem Körper-Scan ausgewählte Räume anschauen.

Zugang zum Präsidenten gibt es nur für ausgewählte Leute. Dazu ist eine persönliche Einladung nötig. Eine Begegnung mit dem „mächtigsten Mann der Welt" gibt es nur für geladene Gäste. Alle anderen müssen draußen bleiben. Für sie gilt: Zugang verboten! Ich finde es faszinierend, dass das bei Jesus ganz anders ist. Der Herr aller Herren und König aller Könige verspricht ohne jede Einschränkung: *„Wer zu mir kommt, den werde ich nicht abweisen."* Er nimmt sich immer und überall für jeden Zeit, der sich an ihn wendet.

Aus den frühen Jahren des Weißen Hauses ist folgende Geschichte überliefert: Ein alter Farmer will dem Präsidenten ein dringendes Anliegen vortragen. Er versucht im Weißen Haus vorzusprechen, aber der Einlass wird ihm verwehrt. Der Mann lässt sich nicht abwimmeln, doch trotz aller Argumente wird er nicht vorgelassen. Traurig und resigniert geht er wieder weg. Vor dem Weißen Haus spielt ein kleiner Junge, dem der verzagte Mann auffällt. Er fragt ihn nach dem Grund, und der Farmer erzählt ihm seine Geschichte. Da nimmt ihn der Junge an die Hand und zieht ihn zum Haupteingang. Er geht mit ihm durch alle Kontrollen bis ins „Oval Office". Der Mann kann dem Präsidenten sein Anliegen sagen und findet Gehör. Dort löst sich für ihn auch das Geheimnis, weshalb er plötzlich freien Eingang zum mächtigsten Mann der USA hatte. Der Junge war der Sohn des Präsidenten.

Für mich ist diese Anekdote eine tolle Illustration für zentrale Aussagen der Bibel. Wer zu Jesus kommt, für den wird er der Türöffner zum Vater im Himmel. Ohne ihn ist das absolut unmöglich, mit dem ewigen Gott Kontakt zu bekommen. „Niemand kommt zum Vater außer durch mich", sagt Jesus. Aber durch ihn haben wir freien Zugang zum Schöpfer von Himmel und Erde.

Ganz begeistert sang ein kleiner Freund von mir ein Lied, welches er frisch aufgeschnappt hatte. „Gott öffnet jedem die Tür, jedem der ihn fragt." Da ihm die nächste Liedzeile nicht einfiel, machte er sich seinen eigenen Text. Mit lauter Stimme sang er: „Er nimmt die Schuh und verschwindet durch die Tür, denn er hat es uns gesagt." Klar haben wir über die Verfremdung geschmunzelt. Später bin ich ins Nachdenken gekommen. Gut zu wissen, dass der Originaltext stimmt. „Gott öffnet jedem die Tür, jedem, der ihn fragt. Er nimmt die Schuld und gibt Liebe dafür, denn er hat es uns gesagt."

Ernst Günter Wenzler ist Inspektor des Süddeutschen Gemeinschaftsverbandes.

Elke Werner

Orientalische Gastfreundschaft

„Und wer auch immer zu mir kommt – ich werde ihn nie und nimmer hinauswerfen."
(Johannes 6,37, das buch)

Es ist ein wunderbarer Abend irgendwo in Deutschland. Gutes Essen, gute Gespräche, Spaß und ernsthafte Themen wechseln sich ab. Und dann sagt der Gastgeber plötzlich und unerwartet: „So, jetzt ist es schon spät. Ich denke, ihr solltet jetzt gehen." Ein höflicher, aber bestimmter Hinauswurf. Bei einer solchen Ausladung wird man sicher schnell seine sieben Sachen zusammenpacken und den Ort bald verlassen.

So eine Szene wäre im Orient undenkbar. Mein Mann und ich haben das Vorrecht, jedes Jahr ganz in die orientalische Kultur einzutauchen und für längere Zeit dort zu leben. Die Gastfreundschaft in den arabischen Ländern ist in meiner Sicht unübertroffen. So oft wurde ich schon auf einen Tee bei wildfremden Menschen eingeladen. Sie sahen mich auf der Straße vorbeigehen und luden mich einzig und allein deshalb ein, weil ich gerade auf meinem Weg zum Einkauf an ihrem Haus vorbeikam. „Itfaddalu, nishrab shay". „Bitte komm herein, wir wollen Tee trinken." So lautet die spontane Einladung. Immer wieder lehne ich dankend ab, denn ich würde sonst nie an meinem Ziel ankommen. Und wenn ich mich einladen lasse, bin ich erneut erstaunt, wie froh das meine Gastgeber macht.

Es ist immer wieder schön, so willkommen zu sein und zu wissen, wenn ich jetzt Ja sage, werde ich mit offenen Armen empfangen und wir werden gemeinsam Tee trinken. Selbst wenn ich danach noch bleiben wollte, könnte ich auch noch die nächste Mahlzeit bei den freundlichen Gastgebern einnehmen und sogar dort übernachten.

Wenn wir bei anderer Gelegenheit im Orient offiziell zu einem Abendessen eingeladen werden, wissen wir, dass der Gastgeber Zeit hat. Wir dürfen es uns auf den Sitzbänken bequem machen, dürfen erst mal entspannen. Man muss bei einem solchen Besuch viel Zeit mitbringen, denn mit dem Kochen wird meistens erst angefangen, wenn der Gast eingetroffen ist. Die Frauen verschwinden dann in die Küche, die Männer und die weiblichen westlichen Gäste bleiben im eigens dafür eingerichteten Gästebereich sitzen.

Man redet, man schweigt, man lacht, man erzählt sich Geschichten. Dann kommt das üppige Mahl und wird gemeinsam um das große Tablett herum auf dem Boden sitzend genüsslich verspeist. Doch vorher wäscht jeder noch seine Hände, denn man nimmt sich mit den Fingern und etwas dünnem Brot das aus den gefüllten Tellern heraus, was man gerne essen möchte. Auf den einzelnen Tellern findet man Tomaten, Fleisch, gekochte Eier, Soßen, Reis usw. Immer wieder wird man dazu angehalten, noch mehr zu essen. Dann wird das Tablett wieder in die Küche getragen, wo die Kinder die Reste verspeisen. Die Hände werden wieder gewaschen und man setzt sich wieder auf die bequemen Bänke und redet weiter. Nach einiger Zeit wird der Tee serviert und jeder weiß, dass nach diesem Teetrinken die Zeit gekommen ist, sich langsam zu verabschieden.

Doch was wäre, wenn wir Gäste einfach sitzen blieben? Kein Problem. Man würde uns sicher irgendwann ein Bett anbieten. Man würde uns mit allem versorgen, was wir brauchen. Niemand würde uns herausschmeißen. Wahrscheinlich würden die Gastgeber sich irgendwann zur Nachtruhe zurückziehen, aber niemals würden wir aufgefordert werden, die Wohnung zu verlassen. Der Gast ist willkommen. Egal, wie lange er bleibt. Mir ist diese Art der Gastfreundschaft durch unsere vielen Aufenthalte dort mittlerweile sehr vertraut und scheint mir viel näher an Gastfreundschaft zu sein, von der die Bibel berichtet, als die in unseren Breitengraden gelebte.

Genau diese orientalische Gastfreundschaft ist für mich das Bild, das ich vor Augen habe, wenn ich die Aussage von Jesus lese, wie sie im Johannesevangelium überliefert ist: „*Und wer auch immer zu mir kommt – ich werde ihn nie und nimmer hinauswerfen.*“

Für mich heißt das: Ich bin bei Gott willkommen. Er hat auf mich gewartet. Alles ist vorbereitet und für mich da. Ich bin mehr als ein Gast. Ich muss keine Angst haben, dass ich irgendetwas falsch mache und damit das Recht verliere, bei ihm zu bleiben. Ich gehöre zum Haus

Gottes und sein Haus ist jetzt mein Zuhause. Ich darf bei Gott bleiben. Ich darf mich sicher fühlen. Ich darf mich einnisten und muss nicht damit rechnen, dass Gott meiner irgendwann überdrüssig ist und mich loswerden will. Er hat mich angenommen und in seine Familie aufgenommen. Ich bin sein Kind und werde es immer bleiben. Ich bin für ihn kein Gast, der kommt und wieder geht. Ich bin zu einem Hausgenossen, zu einem vollwertigen Mitglied der Familie Gottes geworden.

Ich bin mehr als ein Gast. Ich muss keine Angst haben, dass ich irgendetwas falsch mache und damit das Recht verliere, bei ihm zu bleiben. Ich gehöre zum Haus Gottes und sein Haus ist jetzt mein Zuhause.

„So seid ihr jetzt nicht mehr Fremde oder Ausländer, sondern vollberechtigte Mitbürger zusammen mit den anderen, die ganz auf Gottes Seite gehören, ja, Mitglieder der Familie Gottes." (Epheser 2,19, das buch)

Elke Werner ist Referentin, Autorin, Leiterin der weltweiten Frauenarbeit der Lausanner Bewegung.

Bärbel Wilde

Nähe braucht den Willen zur Begegnung

Es war ein Erlebnis während meiner aktiven Zeit im Pfarrdienst. Ich wohnte im Pfarrhaus neben der Kirche. Immer wieder schellten dort auch „Tippelbrüder“ und Obdachlose. Sie bettelten um etwas finanzielle Unterstützung. Eines Abends schellte es wieder. Vor der Tür stand ein etwa sechzigjähriger Mann. Ich roch schon seine Fahne. Er hatte „getankt“, zu viel getrunken. Er wollte Geld. Mir war klar, dass er es umgehend in Alkohol umsetzen würde.

Ich unterhielt mich mit ihm. Ich weiß zwar, dass es wenig Zweck hat mit einem Betrunkenen über den Glauben zu reden. Aber er machte auf mich einen verlorenen Eindruck. Irgendwie kamen mir die Worte über die Lippen: „Wissen Sie eigentlich, dass Gott Sie liebt?“ Er schwieg einen Augenblick. Dann sah er mich an und fragte: „Glauben Sie wirklich, dass Gott so ein versoffenes Schwein wie mich liebt?“ Jetzt hatte es mir die Sprache verschlagen. Nach einer kurzen Bedenkzeit sagte ich aus voller Überzeugung: „Ja, das glaube ich. Er freut sich, wenn Sie zu ihm kommen.“

In Matthäus 11,28 sagt Jesus: „Kommt alle her zu mir, die ihr euch abmüht und unter eurer Last leidet! Ich werde euch Ruhe geben“ (HfA).

Jesus will jeden bei sich haben. Er will jedem seine

Güte und Zuwendung ohne jede Vorleistung schenken. Eben das ist das Evangelium, die Gute Nachricht: Jesus nimmt die Sünder an. Die Gescheiterten, die Heimatlosen, die Suchenden. Er kommt in unsere Dunkelheit, Verlorenheit und Lieblosigkeit. Bis auf die Erde. Bis in unseren Alltag. Bis in unsere Verzweiflung. Bis in unser Scheitern. Er ist den ersten Schritt gegangen. Er kommt uns entgegen. Er, der längst schon zu uns gekommen ist, bevor wir zu ihm kommen können. Schon 2000 Jahre vor unserer Geburt lag er für dich und für mich in der Krippe und für uns ging er ans Kreuz. Er ist auferstanden und lebt.

In einem Lied von Diethard Zils heißt es: „Sag ja zu mir, wenn alles nein sagt, weil ich so vieles falsch gemacht. Wenn Menschen nicht verzeihen können, nimm du mich an trotz aller Schuld.“ Und weiter: „Wenn du ja sagst, kann ich leben, stehst du zu mir, dann kann ich gehen.“

Warum sollte ich nicht zu ihm kommen wollen? Er kommt mir mit offenen Armen und durchbohrten Händen entgegen. Mit einem Herz voller Liebe. Bei ihm bin ich willkommen. Ich kann mich ihm voller Vertrauen zuwenden.

In der Zeit der Corona-Pandemie sind wir täglich aufgefordert worden, Distanz zu halten. Wir spüren und wissen: Nähe braucht den Willen zur Begegnung, braucht Initiative. Auf! Los! Hin zu Gott! Die Nähe Gottes infiziert uns nicht mit einer ansteckenden Krankheit. Ganz im Gegenteil!

Jesus hält sein Versprechen. Er lädt nicht nur ein. Was er verspricht, das bricht er nicht. Er freut sich riesig, wenn wir in seinen Armen und an seinem Herzen landen. Dass wir seine Nähe erleben, ist ihm ein Herzensanliegen. Bei Jesus ist ein Platz für mich. Ohne dass ich seine Zusage ernst nehme und es auf sein Wort hin riskiere, mich auf den Weg zu ihm zu machen, werde ich nicht erfahren, ob ich willkommen bin oder ob er mich wegstößt.

Nähe braucht den Willen zur Begegnung, braucht Initiative. Die Nähe Gottes infiziert uns nicht mit einer ansteckenden Krankheit. Ganz im Gegenteil!

Er wartet auf jeden. Wie in dem Gleichnis vom verlorenen Sohn der Vater auf die Rückkehr seines Kindes hofft, das weggelaufen und bei den Schweinen gelandet war. Auch jemand, der im übertragenen Sinne aus dem Schweinestall kommt, ist ihm willkommen.

In meinem Wohnort gibt es den Hof von STL (Stadtreinigungs-, Transport- und Baubetrieb Lüdenscheid). Dort kann jeder Lüdenscheider seinen Müll entsorgen. In der Corona-Zeit machte ich das auch. Versuchte es jedenfalls. Aber an der Einfahrt gab es eine lange Autoschlange. Als die Wartezeit endlich um war, sollte ich nachweisen, dass ich aus Lüdenscheid bin. Personalausweis vorzeigen. Hatte ich natürlich nicht dabei. Ich wurde nicht hineingelassen und musste unverrichteter Dinge umkehren.

Golgatha ist der größte Müllabladeplatz der Weltgeschichte. Da gibt es keine Wartezeit. Keine Öffnungszeiten. Keine Ausweiskontrolle. Jesus kennt uns eh bis in die Motive unsrer Gedanken hinein. Zugang jederzeit für jeden. Keiner wird abgewiesen oder hinausgestoßen. Am Kreuz können wir unseren Müll abladen. Als Jesus auf dem Hügel Golgatha vor den Toren Jerusalems starb, starb einer für alle ein für alle Mal. Einer, der für mich ist.

Br. Viktor Voss von der Jesus-Bruderschaft Gnadenthal erzählte in den Gnadenthaler Impulsen seine Bekehrungsgeschichte:

> *„In einem Gespräch äußerte ich den Wunsch: ‚Ich möchte beten lernen.' Mein Gesprächspartner antwortete mir: ‚Das ist ganz einfach. Bitte Jesus, dass er dir deine Sünden zeigt. Dann komm und beichte.' Ich musste nicht lange suchen. Was mich ‚zwickte und zwackte', war mir sofort präsent. Ich schrieb es auf für die Beichte. In diesem gemeinsamen Gebet spürte ich den Ernst in der Gegenwart Gottes.*
> *Am nächsten Tag waren wir in einem kleinen Kreis zusammen mit Bibellese und anschließendem freien Gebet. Dann kam die Reihe an mich. Ich betete und erlebte dann eine unglaubliche Freude. In meinem Herzen war eine große Freude und Gewissheit: „Jesus lebt und liebt." Solch tiefe Freude und Liebe hatte ich noch nie erfahren in meinem Leben. Ich hatte Jesus meine dunkle Seite gebracht und er überraschte mich mit seiner Liebe. Jetzt hatte ich einen großen Wunsch: Diese Liebe Gottes müssen alle Menschen erfahren. So fuhr ich als Jesus-Jünger nach Hause."*

Wer zu Jesus kommt, erlebt tiefe Freude und erfährt seine große Liebe. Darum gibt es nichts Besseres als Seiner Einladung folgen: Komm her zu mir! Ich bete oft in einem Gottesdienst einen Vers:

„Zu dir nun komme ich Herr Jesu Christ, mein Herz zerrissen von Sehnsucht ist,
befleckt von Sünde, von Schuld verbrannt, Herr, nimm mich gnädig in deine Hand.
Ich suchte Leben und fand viel Schein, nun weiß ich nichts mehr als dich allein."

Wer so zu ihm kommt, den wird er nicht hinausstoßen. Dessen bin ich gewiss.

Bärbel Wilde ist Pfarrerin i. R. in Lüdenscheid.

BIRGIT WINTERHOFF

Tratsch im Treppenhaus

„Haben Sie schon gehört?" „Halten Sie das für möglich?" „Nein so was. Das hätte ich von der nie gedacht. Aber man sieht den Leuten ja auch nur vor den Kopf." „Wie konnte es nur so weit kommen?" „Ihr habe ich nie über den Weg getraut." „Und dann erst dieser Mann.

Wie konnte sie nur an den geraten?" Alltäglicher Tratsch im Treppenhaus. Und die Regenbogenpresse berichtet über Prinzessin X und Playboy Y. Wir reden über den Nachbarn A und Frau B. Man sieht doch irgendwie besser aus, wenn man über andere Menschen Schlechtes reden kann. Das war wohl schon immer so. Die Bibel erzählt von einer Frau, die zum Gegenstand allgemeinen Geredes geworden ist. Alle zeigen mit dem Finger auf sie, wissen genau, was richtig und was falsch ist. Das Urteil ist schnell gefällt. Sie ist schuldig, die Ehebrecherin. Wer es mit einem andern als dem eigenen Mann getrieben hat, gehört gesteinigt. So war damals die Rechtslage. Punkt. Für die Frau sieht es nicht gut aus. Keinen interessiert ihre Geschichte. Niemand fragt nach ihrer Person oder nach ihren Gründen. Aber alle mischen sich ein. Und dann zerren sie diese Frau zu Jesus – soll er doch mal sagen, was er davon hält. Es bildet sich ein Kreis um Jesus und die Frau. Alles drängt sich. Es wird still. Spannung liegt in der Luft. Gierige, verachtende Blicke, aufgewühlte Herzen, geballte Fäuste mit Steinen. „Na, Jesus, was hältst du davon? Das ist doch wirklich schlimm, was sie gemacht hat, oder? Hör dir das mal an! Wir können dir das in allen Einzelheiten erzählen! Und wir kennen die Gesetze ganz genau. So was kann man doch nicht ungestraft lassen. Sag schon!" Doch Jesus sagt gar nichts. Er sitzt nur da. Die Meute lässt nicht locker. Sie bohrt weiter und will es wissen. Endlich spricht Jesus. Er sagt: „Doch, steinigt sie. Aber den ersten Stein soll der werfen, der selbst ohne Schuld ist." Schweigen. Langsam sinken die Fäuste mit den Steinen, und einer nach dem andern geht weg. Jesus ist mit der Frau allein. Und erst jetzt, wo alle Ankläger verschwunden sind, spricht Jesus mit ihr.

Jesus weiß, dass ihre Geschichte in das Intimste reicht, was zu einem Menschen gehört, und er weiß um die Verletzlichkeit der Menschen an dieser Stelle. Wo schonungslos aufgedeckt wird, können alle hineinsehen und draufschlagen. Jeglicher Schutz fehlt. Darum sucht Jesus die persönliche Begegnung unter vier Augen. Solche Gespräche gehen keinen anderen Menschen etwas an. Jesus spricht mit der Frau über ihre Vergangenheit. Er sieht ihre Angst, ihre Verletzungen. Er zeigt weder mit dem Finger auf sie, noch macht er offene oder versteckte Vorwürfe. Es gibt keine Moralpredigt. Jesus verurteilt sie nicht, sondern vergibt ihre Schuld. Die Frau kann aufatmen. Sie bekommt die Chance, neu anzufangen. Und sie spürt: Jesus geht es darum, dass ihr Leben in Ordnung kommt. Dass es gelingt. Die Begegnung endet mit einem Zuspruch: „Dir ist vergeben, was dir leidtut. Du sollst leben. Du kannst und darfst weiterleben!" Dem Zuspruch folgt jedoch der Anspruch: „Geh, aber ändere dein Leben!" Menschen mit zwielichtiger Vergangenheit werden Zukunft und Hoffnung geschenkt. Das ist die Pointe dieser biblischen Geschichte.

„Dir ist vergeben, was dir leidtut. Du sollst leben. Du kannst und darfst weiterleben!" Dem Zuspruch folgt jedoch der Anspruch: „Geh, aber ändere dein Leben!" Menschen mit zwielichtiger Vergangenheit werden Zukunft und Hoffnung geschenkt.

Das ist die Pointe vieler biblischer Geschichten. Du bist nicht nur festgelegt durch das, was gewesen ist. Gott, der treu bleibt, wenn wir versagen, kann sich selbst nicht verleugnen. In Jesus läuft er uns nach. Und er holt uns ein. Wo und in welcher Lage auch immer. Er ist ein Backofen voller glühender Liebe, hat Martin Luther gesagt. Haben Sie das schon einmal gehört? Halten Sie das für möglich? Einem Menschen wurde vergeben. Ein Neuanfang geschenkt. Ein Mensch ist von der schiefen Bahn auf den richtigen Weg gekommen. Jesus stößt keinen weg, der zu ihm kommt. Was wäre das für ein Gespräch im Treppenhaus und eine Meldung in der Zeitung!

Birgit Winterhoff ist Pfarrerin im Ruhestand und war Leiterin des Amtes für missionarische Dienste der evangelischen Kirche von Westfalen. Sie lebt in Bielefeld.

Christoph Zehendner

Vergebung für den Beinahe-Mörder

José war mal Boxer, vor ein paar Jahrzehnten. Drahtig und muskulös wirkt er bis heute. Auch wenn er inzwischen ein wenig zugenommen hat. In seinem jetzigen Beruf als Taxifahrer sitzt er halt den lieben langen Tag im Auto und kutschiert seine Kundschaft durch das Straßengewirr der kolumbianischen Hafenstadt Barranquilla.

Ich spreche mit ihm, um für mein neues Buch zu recherchieren. *„Jeder verdient eine zweite Chance – Hoffnungsträger-Geschichten aus dem Seehaus und dem Rest der Welt"*, erschienen bei Brunnen, 2021. Zu den spektakulärsten „Hoffnungsträger-Geschichten" könnte die von José gehören. Eine schier unfassbare Erfahrung von Schuld, Vergebung und Hoffnung. Fast zu schön, um wahr zu sein. Wenn ich sie denn nur von José erzählt bekäme. Und nicht auch die Sicht der zweiten Hauptperson erfahren würde. Genau deshalb bin ich in Josés Taxi unterwegs, um Sofanor kennenzulernen. Sofanor, seinen besten Freund. Sofanor, den schwer kranken Mann im Rollstuhl, den José um ein Haar umgebracht hätte.

Das kleine Haus, in dem Sofanor lebt, liegt in einer unsicheren Gegend. Eingang und Fenster sind mit Eisenstäben, Ketten und Vorhängeschlössern gesichert. Hier in der Gegend sind Raub, Erpressung und Mord an der Tagesordnung. Wir treten ein, machen ein paar

Schritte durchs Wohnzimmer der Familie und landen in einem kleinen dunklen Raum vor einem einfachen Krankenhausbett. Die Menschen, die hier leben, haben nicht viel Geld zur Verfügung, das begreifen wir sofort. Und doch strahlt uns Sofanor aus seinem Bett heraus an. Und José strahlt zurück. Die beiden begrüßen sich, als hätten sie sich lange nicht gesehen. Beide drücken sich lange. Ich spüre, wie viel sie verbindet.

Doch das war nicht immer so. Auf meine Bitte hin fängt José an zu erzählen. Dass er – ein Junge vom Dorf – zur Armee wollte, um Geld für sich und seine Familie zu verdienen. Dass er sich dort nicht an die strenge Disziplin halten konnte. Dass er deswegen unehrenhaft entlassen wurde und auf der Suche nach einem Job in der Großstadt Barranquilla landete.

Ein Jugendlicher ohne Ausbildung hat es in Kolumbien nicht leicht, einen Job zu finden. Und so erinnert sich José an das Einzige, was er kann: kämpfen. Er bietet seine Dienste als Bodyguard an. Gemeinsam mit einer Truppe von Gleichgesinnten schwingt er sich zum „Bewacher“ eines Stadtviertels auf. Wer hereinwill, legale oder illegale Geschäfte machen möchte, der muss José und seine Männer um Erlaubnis fragen. Und dafür bezahlen. Wer sich widersetzt, hat schlechte Karten. José und seine Truppe verdienen gut. Und kennen keine Gewissensbisse.

Sofanor wohnt schon damals in der Gegend. Die beiden Männer kommen irgendwie nicht klar miteinander. Hier und da kommt es zu Streit. José verprügelt

Sofanor. Droht ihm an, ihn „kaltzumachen". Gründe gibt es keine. Sofanor scheint damals einfach ein rotes Tuch für José zu sein. Und so nimmt das Unheil seinen Lauf: Eines Tages schnappt José sich eine Waffe. Marschiert zur Straße, in der Sofanor lebt. Baut sich vor der Tür auf. Lockt Sofanor nach draußen. Und schießt. Viermal. Dann dreht José sich um und lässt Sofanor in seinem Blut liegen.

Sofanors Leben hängt am seidenen Faden. Rückenmark, Leber und weitere Organe sind stark geschädigt. Trotz einer ganzen Reihe von Operationen kehrt das Gefühl in seinen Beinen nicht wieder. Er bleibt auf den Rollstuhl angewiesen. In einem Land, das kein funktionierendes Sozialsystem kennt. Sein neues Leben besteht aus Schmerzen, Geldmangel und Bitterkeit. „Meine gesamte Familie wollte Rache. Unser Hass war groß, weil dieser Typ mich in den Rollstuhl gebracht hatte", berichtet Sofanor. „Ich war schon dabei, die Rache konkret zu planen. Aber Gott hielt mich zum Glück davon ab."

Ein Dreivierteljahr nach der Tat wird José geschnappt, vor Gericht gestellt und verurteilt. Zu dreizehn Jahren Haft. Auch für einen kampferprobten Sportler wie José kein Pappenstiel. Im Gefängnis fängt er an nachzudenken. Endlich. Eines Tages bekommt er Besuch von Mitarbeitern der christlichen Gefangenenhilfsorganisation „Prison Fellowship." Die sprechen mit ihm über Schuld und Vergebung. Ein Mitarbeiter fragt José: „Möchtest du ins Reine kommen mit dir und deiner Schuld?

Möchtest du ein neuer Mensch werden? Jesus kann dir dabei helfen."

José lässt sich darauf ein, bei einem Programm mitzumachen, bei dem Täter und Opfer miteinander reden. Durch die Begegnungen sieht er seine Verbrechen ganz allmählich in einem neuen Licht. Er beginnt zu bereuen. Sich irgendwann furchtbar zu schämen für das, was er anderen Menschen angetan hat. Besonders Sofanor. Er bittet Gott um Vergebung.

Atemlos folge ich bis hierhin dem Bericht der beiden Freunde. Das Happy End der unglaublichen Geschichte habe ich vor Augen – den drahtigen Taxifahrer am Bett seines einstigen Opfers. Ich sehe ihre Vertrautheit. Ihre enge Freundschaft. Aber wie sind die beiden dahingekommen?

Durch die Begegnungen sieht er seine Verbrechen ganz allmählich in einem neuen Licht. Er beginnt zu bereuen. Sich irgendwann furchtbar zu schämen für das, was er anderen Menschen angetan hat.

José beginnt zu erklären. Wie er versuchte, nach der Entlassung mit Sofanor Kontakt aufzunehmen. Wie ihm die Leute von „Prison Fellowship" dabei halfen. Wie sie Sofanor bestätigten: „Der Mann, der dich fast umgebracht hätte, will sich entschuldigen."

Dann kommt es zur ersten Begegnung der beiden. Leicht ist dieses Gespräch nicht. Die erfahrenen Mitarbeiter müssen vermitteln und um Verständnis werben. Sofanor spürt dabei: José hat sich verändert. Durch Gottes Hilfe ist er tatsächlich ein neuer Mensch geworden. Und so spuckt er ihn nicht an. Schickt ihn nicht weg. Weist ihn nicht ab. Sondern vergibt ihm. Und lässt sich von ihm in den Arm nehmen. Trotz allem, was José ihm angetan hat. Weil auch Jesus, der Herr seines Lebens, niemanden abweist, der bei ihm anklopft.

Die Freunde wirken auf mich regelrecht erleichtert, als sie bis zu diesem Punkt erzählt haben. Ihre Freude ist ansteckend. Und doch sehe ich auch die elenden Verhältnisse, in denen Sofanor leben muss. Seinen von der Hüfte abwärts gelähmten Körper. Den Beutel mit dem Urin, der neben dem Bett hängt. Die welke Haut.

Ich sitze gegenüber Sofanors Bett auf einem bedenklich schwankenden Plastikhocker. Sehe den beiden Freunden zu. Bekomme eine Ahnung von ihrem einzigartigen Schicksal. Und kann mich nur freuen über die besondere Freundschaft zwischen den zwei heute so ungleichen Männern: dem quirligen Taxifahrer, der vor Kraft geradezu strotzt. Und dem mageren Rollstuhlfahrer, der seinen Tag sitzend oder liegend verbringen muss und auf Hilfe angewiesen ist. Auf Hilfe von dem Mann, der heute zu seinem besten Freund geworden ist.

Seit einigen Jahren sind die beiden immer mal wieder gemeinsam „im Auftrag des Herrn" unterwegs. Sie engagieren sich heute ehrenamtlich für „Prison Fellowship". Fahren durchs Land und berichten dort, wo man die Botschaft von der Versöhnung dringend braucht. In Gefängnissen oder Kirchengemeinden, in Schulen oder Jugendhäusern. Dort erzählen sie ihre gemeinsame Geschichte. Eine Geschichte, die mit Hass und Gewalt begann. Und die mit Liebe, Versöhnung und Freundschaft noch lange nicht am Ende ist.

Christoph Zehendner ist Journalist, Theologe und Musiker. Er lebt und arbeitet in Triefenstein bei Würzburg als Mitarbeiter der Christusträger-Bruderschaft.

PETER ZIMMERLING

Sehnsucht nach Heimat

Beim Nachdenken über die Jahreslosung 2022 kam mir unwillkürlich das Problem der Heimat in den Sinn. In dem Bibelwort aus dem Johannesevangelium verspricht Jesus, dass er seinen Nachfolgerinnen und Nachfolgern bei sich Heimat gewähren will: bereits jetzt in diesem Leben und einst eine ewige, unverlierbare Heimat im Himmel. In den Jahrzehnten nach dem Krieg gehörte das Wort *Heimat* in Deutschland zu den „verbrannten" Begriffen. Seine übersteigerte, ja missbräuchliche Verwendung durch den Nationalsozialismus hatte ihn kontaminiert. Nur die verschiedenen Verbände der Heimatvertriebenen gebrauchten ihn weiterhin – zu groß war der Schmerz über den millionenfachen Verlust der Heimat durch Flucht und Vertreibung, als dass sie auf ihn verzichten konnten. Inzwischen hat der Begriff sich erholt und kann auch in politischen Diskursen wieder verwendet werden. In meinen Augen ist das auch unbedingt notwendig, weil die Sehnsucht nach Heimat, nach Beheimatung und Zugehörigkeit existenziell für uns Menschen ist. Ohne Heimat kann kein Mensch auf Dauer gesund bleiben! Die Europäische Union hat das erkannt und tritt für die Wichtigkeit der Regionen ein, die oft grenzüberschreitend sind, und dafür, dass sich im Leben von deren Bürgerinnen und Bürgern der Heimatsinn entfaltet.

Als ich während der Pubertät im Religionsunterricht zusammen mit acht weiteren Mitschülern Christ wurde, spielte Jesu Zusage für mich eine wichtige Rolle, dass ich bei ihm schon jetzt und nach dem Tod in alle Ewigkeit eine unverlierbare Heimat haben würde. Manchmal denke ich, dass dabei die Herkunft meiner Familie aus Schlesien eine Rolle spielte. In meinem Geburtsjahr 1958 lag der Verlust der Heimat erst 13 Jahre zurück. Natürlich habe ich als Kind den Schmerz und die Trauer darüber bei meinen Eltern und übrigen Verwandten nur unbewusst mitbekommen. Aber auch auf diese Weise kann das Empfinden eines Kindes tiefgreifend beeinflusst werden. Als ich später die Bibel kennenlernte, fiel mir auf, was für eine große Rolle die Verheißung des Gelobten Landes als neue Heimat für das Volk Israel spielt. Die Erfahrung der Befreiung, des Exodus aus Ägypten, ist die eine Seite von Israels Glaube; aber genauso wichtig ist die Inbesitznahme Kanaans, worin sich die Befreiung zu einem Leben in Frieden und Wohlstand erst vollendet. Daran hat sich im Grunde bis heute nichts geändert. Schon im Alten Testament erwacht allerdings die Erkenntnis, dass es auf Erden für das Volk Israel keine endgültige Heimat geben kann. Vor allem bei den Propheten bricht sich die Erkenntnis Bahn, dass es einer Neuschöpfung, also eines neuen Himmels und einer neuen Erde bedarf, um eine unzerstörbare Heimat zu finden (Jesaja 65,17). Entsprechend heißt es im Neuen Testament von der christlichen Gemeinde: „Wir haben hier keine bleibende Stadt, sondern die zukünftige suchen wir" (Hebräer 13,14).

Die Frage ist, wie Menschen, die der Kirche und dem Glauben entfremdet sind, heute erfahren können, dass sie bei Jesus Heimat finden. Ich bin inzwischen überzeugt, dass Kirchengebäude dabei eine wichtige Rolle spielen. Sakrale Räume haben das Potenzial, suchenden Menschen die Nähe Gottes zu veranschaulichen und damit die Einladung Jesu Christi erfahrbar zu machen. Die außerhalb der Gottesdienstzeiten geschlossene Kirche war lange Zeit ein Symbol für die Bedeutung des Kirchenraumes im Protestantismus. Er wurde weithin rein funktional verstanden. Heute scheinen nicht nur Kirchenmitglieder, sondern auch Menschen, die der Kirche entfremdet sind, eine Sehnsucht nach sakralen Räumen zu besitzen. Gerade in Ostdeutschland setzen sich viele Agnostiker für den Erhalt der Kirchengebäude ihres Wohnortes ein. Jedes Jahr besuchen

Wie können Menschen, die der Kirche und dem Glauben entfremdet sind, heute erfahren, dass sie bei Jesus Heimat finden?

unglaublich viele Menschen berühmte Kirchen wie die Dresdener Frauenkirche oder den Berliner Dom.

Ich sehe darin eine große Chance für die Kirche. Um in der postmodernen Risikogesellschaft emotional überleben zu können, braucht es Orte der Verlässlichkeit. Von sakralen Orten erhoffen sich viele Zeitgenossen symbolische und rituelle Vergewisserung ihres Lebens und Glaubens. Diese Sehnsucht wird angesichts der prognostizierten Zunahme des globalen Risikopotenzials in Zukunft noch größer werden. Als Universitätsprediger habe ich in Leipzig jahrelang beobachtet, wie in der Pause zwischen Gemeindegottesdienst und Universitätsgottesdienst Scharen von Menschen in die Nikolaikirche strömten, diese aber wieder verließen, als der Universitätsgottesdienst begann. Solche Sehnsüchte nach sakralen Räumen positiv aufzunehmen stellt ein Gebot der Liebe dar.

Damit fernstehende Menschen in Kirchen bei Jesus Heimat finden, stehen inzwischen erprobte Möglichkeiten bereit. So sollte ein vermehrtes Angebot individuell zu vollziehender, niederschwelliger spiritueller Rituale in geöffneten Kirchen außerhalb der Gottesdienstzeiten bereitgehalten werden. Ich denke hier an Lichterbäume, Gästebücher, Karten mit vorformulierten Gebeten, an Zettel zum Aufschreiben persönlicher Fürbitten und an Angebote zu Beichte und Segnung.

Gestalt und Ausstattung von Kirchen stellen verdichtete, sinnlich wahrnehmbare Gotteserfahrungen dar. Damit sich Besucherinnen und Besuchern der spirituelle Gehalt eines Kirchenraumes erschließt und sie darin Heimat finden, bedarf es der Vermittlungshilfen. Eine solche Vermittlungshilfe ist die Kirchenpädagogik. Sie leitet einerseits dazu an, den Raum mit dem ganzen Körper und allen Sinnen zu erfahren. Andererseits öffnet sie den Blick für die Bedeutung des Raumes im Rahmen der gottesdienstlichen Feier der Gemeinde. Es empfiehlt sich, besondere Kirchenführungen anzubieten, durch die der Kirchenraum nicht nur sprachlich und visuell, sondern auch im Durchschreiten, Ertasten und Empfinden erschlossen wird.

Sakrale Räume halten die Erinnerung an Gottes Gegenwart in der Welt sinnenfällig fest: Es gibt eine transzendente Wirklichkeit jenseits des naturwissenschaftlich Wägbaren und Messbaren. Kirchen sind Denkmäler von Gottes Präsenz! „*Jesus Christus spricht: Wer zu mir kommt, den werde ich nicht hinausstoßen*" (Johannes 6,37, LUT).

Dr. Peter Zimmerling ist Professor für Praktische Theologie an der Universität Leipzig.

Wir bedanken uns herzlich bei dem Künstler Eberhard Münch und dem **bene!** Verlag für die Möglichkeit, das diesjährige Motiv für unsere Buchausgabe nutzen zu dürfen.

Eberhard Münch, Jahrgang 1959, geboren in Mainz, studierte zunächst italienische Wandmalerei und dann an der renommierten Akademie der Bildenden Künste in Nürnberg. Seit 1987 ist er selbstständig als freier Maler und Raumgestalter. Seine Bilder werden in zahlreichen Ausstellungen gezeigt.

Mehr über den Künstler erfahren Sie unter www.atelier-muench.de

Die Jahreslosungsprodukte von bene! sind erhältlich über bene!/Droemer Knaur; das Barsortiment Chris Media und in vielen Buchhandlungen.

Kunstdruck ca. 63 x 92 cm
GTIN 4251693900375
€ [D] 15,– · € [A] 15,–

Kunstdruck ca. 40 x 60 cm
GTIN 4251693900443
€ [D] 8,– · € [A] 8,–

Kunstdruck A3
GTIN 4251693900467
€ [D] 5,– · € [A] 5,–

Kunstdruck A4
GTIN 4251693900450
€ [D] 2,50 · € [A] 2,50

Postkarte (10er-Set)
GTIN 4251693900498
€ [D] 5,– · € [A] 5,–

Lesezeichen (10er-Set)
GTIN 4251693900504
€ [D] 3,– · € [A] 3,–

Faltkarte mit Betrachtung (10er-Set)
Mit Bildbetrachtung von Hans-Joachim Eckstein
GTIN 4251693900474
€ [D] 12,– · € [A] 12,–

Faltkarte mit Betrachtung (5er-Set)
Mit Bildbetrachtung von Hans-Joachim Eckstein
GTIN 4251693900481
€ [D] 6,50 · € [A] 6,50

Kalender im Scheckkartenformat (10er-Set)
GTIN 4251693900511
€ [D] 3,50 · € [A] 3,50

Termine mit Gott 2022

365 Tage mit der Bibel

272 Seiten
mit gestalteten Monatssprüchen
ISBN gebunden 978-3-7655-0632-1
ISBN Taschenbuch 978-3-7655-3072-2
ISBN E-Book 978-3-7655-7620-1

Mehr als 50 aktive Mitarbeiter aus dem CVJM und aus unterschiedlichen Kirchen und christlichen Werken sorgen jedes Jahr dafür, dass die „Termine“ zum unentbehrlichen Begleiter für die tägliche Zeit mit Gott werden. Die Auslegungen bringen den Text auf den Punkt und geben einen Impuls für den Alltag mit. Ergänzt werden sie durch einführende Texte zu den behandelten biblischen Büchern, durch die Wochen- und Monatssprüche sowie Gebete und Segenstexte. Seit Jahren sind die Termine mit Gott eine der beliebtesten und erfolgreichsten Bibellesen auf dem deutschen Markt.

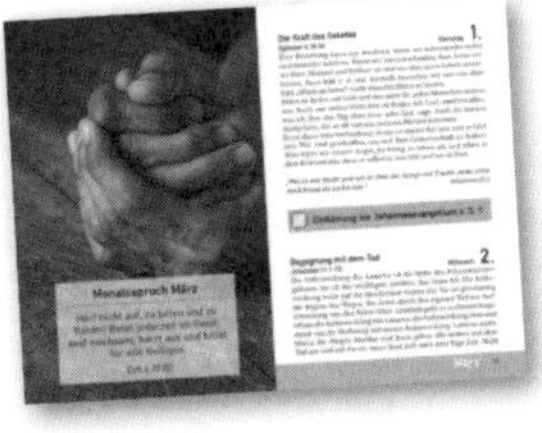

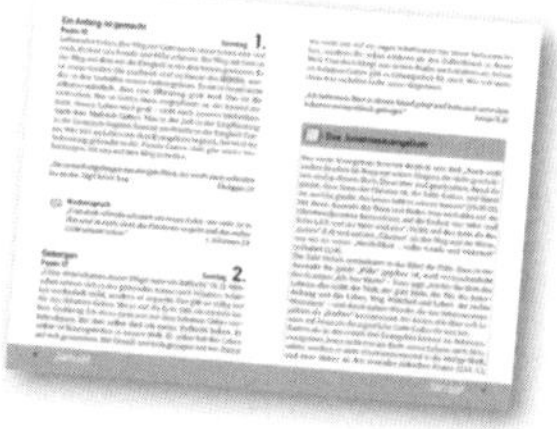

BRUNNEN VERLAG GIESSEN

www.brunnen-verlag.de